好味

限定！

日本美食特派員的
口袋伴手禮

山口美和 著

曾哆米 譯

前言

「這個很好吃喔，你吃吃看！」

　　歡迎一起進行一趟日本究極絕品之旅！

　　現在到日本旅行蔚為風潮，在日本購物更是台灣人的最愛。可是，你知道哪個商品最受到當地人的歡迎嗎？哪些商品才是創始商品？還有，你是否了解商品的故事與意涵呢？如果只是跟著別人一窩蜂地購買，卻不知道背後的精神，實在有點可惜。

　　最近看了日本的晨間劇《阿政與愛莉》後，我深深覺得要製作出一項商品，必定是經過許多人反覆的努力，並且花費漫長的歲月才能完成。這些商品背後，真真切切地包含著製作者的汗水、淚水，以及人生。

　　本書的內容，是發揮我長年在百貨公司各品牌店舖當派遣銷售員累積的經驗，將經手過的講究商品以及發現的美味逸品，挑選出最難忘的滋味，介紹給大家。書中許多店舖都是超過百年歷史的老字號，所有商品的共通之處，就是包含著對大家的「款待之心」，還有製作時的「真心誠意」。

　我認為，書中每一項商品都包含著製作者的心意，有其歷史意義與受到歡迎的理由，在各方面都代表了日本的文化。在執筆時，希望透過此書，讓大家認識日本的心以及文化，因此向各方面的專家請教，撰寫相關的飲食知識，完成這本能永久保存的書籍。除此之外，本書也為了想為重要的人及朋友挑選伴手禮，卻不知到底要買些什麼而感到不安的人，依照不同對象，像是「不喜歡甜食的人」或「年長者」等推薦適合的品項，相信對方收到時一定會非常開心的！

　書中的內容是介紹自己在工作、旅行中所發現的美味品項，完完全全是我喜歡的美食，所以絕對真實，也不是在為店家打廣告！不過由於須獲得店家同意才能完整介紹，因此撰寫的過程真的十分辛苦（我一個人要跟 250 個人聯絡哦！），不過能將日本人氣商品的祕密完整地介紹給讀者，一切都是值得的。

　前面的話題是不是有點太沉重了呢？調整心情，就當有個貪吃的日本朋友，將日本美食統統攤在你面前，對你說「這個很好吃喔，你吃吃看！」的感覺，來閱讀這本書吧！

　那麼，就讓我們跟著這本書，一起進行一趟美味的日本
伴手禮之旅吧，Let's go ！

　　　　　山口美和

PART 04

夢幻逸品伴手禮，即使排隊也要搶！

PART 05

適合大家的伴手禮

PART 06 跟著吉祥物來一場日本伴手禮之旅！　　　152

日本人氣百貨公司指南

PART 07

206

大丸札幌店／大丸東京店／澀谷站 東急東橫店／西武池袋本店／新宿髙島屋
／日本橋髙島屋／橫濱髙島屋／松坂屋名古屋店／ JR 京都伊勢丹／大丸京都
店／近鐵百貨店奈良店／阿倍野 HARUKAS 近鐵本店／大丸心齋橋店／阪急梅
田本店／大阪髙島屋／大丸神戶店／博多阪急

PART 01

看見日本四季之美
—— 和菓子

要介紹日本的伴手禮時，最先會想到的就是「和
菓子」了。從和菓子中，可看到隨著四季轉換
的文化精粹，更能看出日本人對美的獨特堅持
及講究。就從和菓子來認識日本文化吧。

叶 匠壽庵 KANOU SYOUJUAN

　位於滋賀縣的叶 匠壽庵以「與日本優美的大自然共存」為信念，利用四季時令的各種講究素材，製作無論是味道或外觀都有如藝術品的和菓子。

　在眾多和菓子店舖當中，叶 匠壽庵的品味可說是遙遙領先。這種品味也表現在其製作的和菓子當中，每項商品都能讓人感覺製作之講究。叶 匠壽庵可說是代表日本傳統精髓的店舖，令我不禁產生「生為日本人真好～」的心情。

　叶 匠壽庵在東京的百貨公司地下街也設有店舖，眾多知名人士皆為其擁護者。我曾見過超重量級的女歌手由保鑣陪同，專程前來購買叶 匠壽庵的生菓子呢！遠遠地眺望時我心想：「真不愧是叶 匠壽庵啊……」

　在叶 匠壽庵的眾多商品當中，我最想推薦的是每到夏季時分就讓人期待的「水羊羹」！使用北海道產的紅豆、天然洋菜條、香氣濃郁的宇治抹茶等材料，是以極為仔細的手法費時製作的絕品商品。紅豆餡是自家製造，經過多次浸泡製成的紅豆餡吃起來入口即化。光滑柔嫩且細緻的口感、深奧高雅的甜味、以竹子為構想的容器等，在在都讓

人感受到夏日風情，而大小適中的尺寸也讓人體會到店家的用心。在一個水羊羹中就能感受日本的款待之心，堪稱絕品！

水羊羹可說是日本夏季伴手禮的代表。你是否也常在日劇中看到主角們將水羊羹當成伴手禮的場景呢？就算是第一次嘗試和菓子的人，也推薦從水羊羹開始入手喔！請務必親自體驗看看叶 匠壽庵的好滋味。

↑ 夏期限定（4 月初～9 月左右）
水羊羹 1 個 324 日圓、抹茶水羊羹 1 個 346 日圓

 販售處

橫濱髙島屋、日本橋髙島屋（含茶房）、大丸東京店、西武池袋本店、新宿髙島屋、松坂屋名古屋店、阪急梅田本店、大阪髙島屋、阿倍野 HARUKAS 近鐵本店、博多阪急等。

🍡 日本茶與和菓子的和風世界

常聽到人說：「因為日本的和菓子太甜了，所以不太喜歡。」其實，菓子點心會甜是正常的，但真正高品質的和菓子帶有的甜味十分有深度，花上一點時間配著茶細細品嚐，才能享受和菓子深奧的妙趣。一邊啜飲日本茶，配上季節性的和菓子，兩者的味覺搭配實在是太美味了，讓人忍不住露出微笑呢。若是到日本遊玩，旅途中請務必購買和菓子與日本茶一同享用，享受一下幸福時光。讓高品質的和菓子，帶領您進入日本獨有的和風世界吧。

紅豆麻糬糕（あも）
1188 日圓

叶 匠壽庵的代表作，使用比北海道
產紅豆還要大粒且香氣更濃郁的丹
波產「春日大納言紅豆」為材料，
用心熬煮，並在紅豆水羊羹中包入
濕潤細緻的羽二重餅。是在和菓子
愛好者中擁有眾多支持者的絕品。

匠壽庵大石最中
1 個 162 日圓

近江米製成香氣十足的最中餅
皮，夾入以大納言紅豆細心熬
煮的紅豆粒餡。紅豆粒餡口感
濕潤又帶有高雅的甜味，非常
好吃。

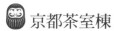

壽長生之鄉（寿長生の郷）

　　叶 匠壽庵於自滋賀縣琵琶湖流出的唯一河川——瀨田川川畔，建置了一處製作和菓子的專區「壽長生之鄉」。約 6 萬 3 千坪的占地設有數記屋造（譯注：日本建築形式，為具有茶室風格的獨特建築）風格的和菓子賣場、茶室、餐廳、甜點店等，散發日式風情的建築物散布其中。利用大自然景觀設置而成的廣大庭園中，種植著做為和菓子材料的梅子、柚子等果樹，在這裡可看出因為大自然和點心製作有著密不可分的關係，這也是叶 匠壽庵製作的原點。

📍 滋賀県大津市大石龍門 4 丁目
2-1

📞 077-546-3131
　（懷石料理與和菓子教室需預約）

🕐 10:00 ～ 17:00、週三公休（3 月、11 月無休）

🚌 從 JR 琵琶湖線「石山站」北出口，搭計程車 20 分鐘
　（有免費接送巴士）

@ www.sunainosato.com/traffic

京都茶室棟

　　京都茶室棟位於被大自然圍繞的京都市佐京區哲學之道，可在此享受悠閒靜謐的時光。

📍 京都府京都市左京区若王子 2 丁目 1 番地

📞 075-751-1077

🕐 10:00 ～ 17:00、週三公休

🚌 JR「京都站」或京阪線「三条京阪站」下車，搭往「岩倉」5 號巴士「南禅寺・永観堂道」後步行約 10 分鐘

@ www.kanou.com

看見日本四季之美——和菓子

赤福 AKAFUKU

「赤福」之名取自「赤心慶福」這句話，帶有真心誠意祈求他人與自己的幸福之意。創業已有約 300 年的歷史，因為是前往三重縣伊勢神宮的參拜信眾一定會光顧的店家，因此廣為人知。據說赤福餅的紅豆泥造型，是來自流經伊勢神宮神域五十鈴川的清流祥形狀，底下的白色麻糬則代表川底的小石頭，是一款不論造型或名字都非常吉利的麻糬點心。赤福餅做為代表三重縣的伴手禮，至今仍然受到日本人民的喜愛。

我從小就是赤福的愛好者，那 Q 彈有嚼勁的麻糬配上滑順好入口的紅豆餡，一次吃掉一整盒也沒有問題！而且因為紅豆餡太過美味，就連盛裝赤福餅盒子的每一個角落都不放過，吃得乾乾淨淨。可惜赤福是以關西地區為主要販售地點的麻糬點心，我住的關東地區鮮少有機會能夠吃到，偶爾收到住在關西的伯母帶來的伴手禮時，都感動得快掉下眼淚了。為了能吃到赤福，甚至考慮過搬到關西住呢。令人讚不絕口的紅豆餡選用北海道栽種的紅豆，糯米則據說是以經過長時間也不容易變硬的原則，而使用北海道及熊本

縣生產的品種。在關西地區的百貨公司也能買到，請務必品嚐看看！因為沒有添加防腐劑等材料，購買後請特別留意保存期限以及保存方法。

 赤福 8 個裝 720 日圓
冷藏後會變硬，所以請常溫保存。冬季時請於包含製造日 3 天內享用；夏季時請於 2 天內享用。另外，側放可能會導致變形或滲蜜，搭乘飛機時請務必當成手提行李帶上飛機。

 ## 販售處

JR 名古屋高島屋（有喫茶區）、松坂屋名古屋店（有喫茶區）、阿倍野 HARUKAS 近鐵本店、大阪高島屋、阪急梅田本店、SOGO 神戶店、中部國際機場、大阪國際機場、關西國際機場、神戶機場……等。

關於伊勢神宮

　　伊勢神宮被人們親切地稱作「伊勢先生」（お伊勢さん），侍奉被日本人當成最高氏神的天照大神，以及司掌稻穀等食物的女神豐受大御神，自古以來一直被視為日本人的心靈故鄉而受到喜愛。江戶時代前往伊勢神宮參拜蔚為風潮，有眾多以伊勢神宮為目的地的信眾，從日本各處出發，花上許多天的時間進行參拜。當時的伊勢神宮即成為人氣景點，甚至有「一生一定要到伊勢神宮參拜一次」這種說法。赤福販售的赤福餅，受到這些前來伊勢參拜的旅人喜愛。飽足感十足的麻糬點心帶給江戶時代旅人們大大的滿足感。最近伊勢神宮被當成能量景點而廣受討論，尤其在女性間非常有人氣，也常有許多來自世界各地的觀光客，十分熱鬧。

🍡 赤福的朔日餅

　　在伊勢流傳著一個習俗，每個月一號會比平常還要早起床，前往伊勢神宮參拜。除了感謝平安無事地度過上個月，也祈求新的一個月無災無難。為了迎接在朔日前來參拜的顧客，赤福開始製作名為「朔日餅」的商品。除了元旦不販售朔日餅之外，據說以其他月份一號販售各季節的麻糬點心為目標的顧客，最多曾排了千人以上。

← 4月

是代表日本的春日花朵──櫻花綻放的季節。與櫻花有關的點心之中，最受日本人喜愛的是「櫻餅」（さくら餅）。染上淡淡櫻花色的糯米，包入紅豆餡，外頭再以鹽醃漬過的櫻花葉包覆。

← 7月

炎熱夏季中十分受歡迎的水羊羹。冰鎮過的清涼水羊羹搭配日本茶一起享受，可說是日本夏天的樂趣之一。將水羊羹灌入青竹當中，再加以竹葉為蓋，展現出夏季風情。

← 10月

日本舊曆九月九日的「重陽節」，是五大節日當中最重要的一個。在日本會喝菊花酒、吃栗子飯或栗子點心來慶祝，祈求長壽不老。10月販售的朔日餅就是栗餅。

店・舖・資・訊

🎎 赤福本店

　　位於伊勢神宮所在地的赤福本店，建築物已經有 130 多年歷史，從古至今一直以赤福餅迎接前往伊勢神宮參拜的信眾，非常值得一訪。

　　一穿過本店的暖簾，就能看到炊煙從紅色的爐灶中裊裊升起。烘焙本地生產的粗茶，香味繚繞，店舖內可看見女性師傅們以纖細的指尖，真心誠意地捏製出赤福餅的形狀。

📍 三重県伊勢市宇治中之切町 26 番地

📞 0596-22-7000

🕐 05:00 ～ 17:00（如遇忙碌期會調整營業時間）

🚌 從「近鐵宇治山田站」、「JR 伊勢市站」或「近鐵伊勢市站」搭往「內宮」巴士 15 分鐘，於「神宮会館前」下車

@ www.akafuku.co.jp

菓匠祿兵衛 KASHO ROKUBE

⬅ 名代草餅 1 個
172 日圓

　　近來知道和食文化的人愈來愈多，和菓子也開始受到各國的關注。至今為止你吃過哪些和菓子呢？是否喜歡日本獨有、只有在日本才能製作的「草餅」呢？草餅帶有的特殊綠色有著沉靜之美，其實，這種自然的色彩是來自一種名為「艾草」（蓬，YOMOGI）的植物。這裡介紹一家在日本已為數不多，對艾草十分講究的店舖。

　　名店「菓匠祿兵衛」重視傳統及地域性，使用滋賀產的原料來製作和菓子，招牌商品「名代草餅」十分受歡迎。以自家栽種、香氣濃郁的艾草所製作的羽二重餅，猶如嬰兒肌膚般柔嫩，是選用以自然農法栽種的糯米做為原料，內餡包入北海道十勝產紅豆製成的甜度適中豆沙餡，鹹甜中和，搭配出絕妙好滋味！有越來越多顧客因為吃過一次菓匠祿兵衛的草餅，被它無法比擬的香氣給俘虜，而再也不吃其他草餅。從栽種艾草、製作草餅到販賣，由同一批工作人員執行一條龍的生產過程，是名代草餅美味的祕訣之一。如此奢侈的草餅其他地方找也找不到！如果想要品嚐草餅真正的滋味，請務必到菓匠祿兵衛來。

ecute 東京、isetan Food Hall LUCUA 1100（大阪）……等。

擁有獨特豐美香氣的艾草

　　我在和菓子店舖工作時，經常有外國顧客帶著不可思議的表情指著草餅問：「這是抹茶口味的嗎？」並提出各式各樣的問題。其實，製作草餅的原料──艾草，是一種具有獨特香氣的菊科植物，它散發出的香氣很難以筆墨形容，彷彿混合著春風颯爽的氣息、原野的香氣與青草的味道等……總之日本人只要聞到艾草的香味，就能感覺「春天到了」。除了做為和菓子的原料，也常使用在製作天婦羅或是浸物（お浸し）等。另外，艾草還有其他各式各樣的功效，以前常被當成治療燙傷或刀傷的藥草，驅除蟲類的效果也很好。據說對手腳冰冷、預防癌症、體臭等也有一定效果，是日本代表性的藥草之一。

　　小時候我常在各種地方看到艾草的蹤跡，鄉下的奶奶也常摘採野生艾草製作成艾草丸子。但現在考慮到農藥以及衛生問題，像以前那樣摘採野生艾草親手製作手工丸子的人，幾乎已經看不到了，就連使用自家栽種的艾草來製作和菓子的店家也屈指可數。艾草的品質優劣是草餅味道的重要關鍵之一，想知道草餅真正滋味的人，不妨試著將焦點集中於艾草的香氣看看。

菓匠祿兵衛的艾草園

　　在能看到野生猴子及鹿的蹤跡的悠閒環境當中，可看到菓匠祿兵衛的工作人員努力栽種著艾草。栽培艾草看似簡單，其實相當費時費力。為了讓艾草獲得足夠的養分，必須以人工方式進行除草等工作。接下來，將鮮綠青翠的艾草一葉一葉仔細地摘

下、一邊洗淨一邊去除雜草、以沸水汆燙並擰乾後裝袋……等，這些步驟全部由同一批工作人員完成。這樣一條龍的過程，才能讓人安心地品嚐艾草的風味。

⬆ 空（くう）1 條 248 日圓

與室內設計師 tonerico 共同創作的和菓子，是保留傳統又帶有時尚感的甜甜圈造型最中餅。將內餡與外皮結合密封後獨立包裝，無論何時品嚐都能享受酥脆口感。有豆沙、櫻花、黑芝麻與艾草 4 種口味。

⬅ 本之木餅 1 條 140 日圓

Q 彈口感的外皮內包豆沙餡所烘烤出的鬆軟點心。帶有黑糖淡淡的甜味，是菓匠祿兵衛新的固定商品。

⬆ 祿兵衛牛乳長崎蛋糕（ろくべえ牛乳カステラ）1 條 1728 日圓

人氣急速上升中！使用滋賀縣伊吹產的伊吹牛乳，溫和的味道與濕潤、柔軟的口感相互搭配出絕妙好滋味。使用和三盆糖，更添加一分優雅的甜味。

店・舖・資・訊

🎎 木之本本店

- 📍 滋賀県長浜市木之本町木之本 1087
- 📞 0749-82-2172
- 🕐 09:00 ～ 18:00，元旦公休
- 🚃 從 JR 北陸線「木ノ本站」步行約 3 分鐘
- @ www.rokube.co.jp

京甘味 文の助茶屋 BUNNOSUKEDYAYA

⬆ 綜合蕨餅（3 種口味）（わらび餅 3 種詰め合わせ）　1080 日圓

　　文の助茶屋本店位於以「八坂之塔」廣為人知的京都五重塔附近，是擁有 100 年歷史的老字號店舖。聽說是由活躍於明治末年的落語家第二代──桂文之助創立的甜酒茶屋開始經營的。店舖所販售的手工蕨餅，長年以來一直受到造訪京都的觀光客喜愛。散發肉桂清香與入口即化的高雅口感的蕨餅，是到訪京都一定要吃的傑作。

　　若要當成伴手禮，我推薦的是 3 種口味的綜合蕨餅。吃起來口味幾乎跟在店裡享用的蕨餅一模一樣，保存期限約為 90 天左右，因為在家也能享用令人嚮往的京都風味，讓綜合蕨餅成為網路商店的人氣商品。另外以描繪京都街道的地圖做為包裝紙這點也非常棒，是對方收到後絕對會開心的京都伴手禮！

　　蕨餅吃起來口感 Q 彈又有嚼勁，且滑順好入口。微微帶點肉桂清香，加上烘焙過的京都黃豆粉，風味絕佳讓人想一吃再吃！除了一般常見的原味蕨餅之外，也有抹茶口味的蕨餅，抹茶的苦味與蕨餅的甜味相互融合，譜出絕妙好滋味。

　　另外還有以黑豆汁製成的黑豆蕨餅，可以撒上黑豆粉一起享用。一次可奢侈地品嚐 3 種不同口味的綜合蕨餅，除了可在京都購買之外，在名古屋也有販售喔。

看見日本四季之美──和菓子

 以描繪京都街道的地圖為包裝紙，十分別緻。

 販售處

JR 名古屋髙島屋（6 樓茶館）、京都
髙島屋、JR 京都伊勢丹（於特產品販
售區販售）……等。

推薦
商品

↑ 黃豆粉布丁（きなこぷりん）
270 日圓（僅於直營店面販售）
以烘焙後的黃豆粉製成的日式布丁，與
焦糖醬搭配起來風味絕佳。

↑ 宇治抹茶布丁（宇治抹茶ぷりん）
310 日圓（僅於直營店面販售）
以宇治抹茶製成的絕妙日式布丁，配上
略帶苦味的抹茶蜜。

店・舖・資・訊

🎎 本店

📍 京都市東山区下河原通東入八坂上町 373

📞 075-561-1972

🕐 10:30 ～ 17:30（last order 17:30），不定休

🚌 從 JR「京都站」北出口搭京都市營巴士 206
號或 100 號在「清水道」下車步行約 6 分鐘

@ www.bunnosuke.jp

⬆ 由左至右：抹茶（附蕨餅）、栗子餡蜜、田舍刨冰（夏季限定，5 月初～ 10 月初）

赤坂柿山 AKASAKA KAKIYAMA

← 立袋 540 日圓
慶長、慶凰的輕巧隨手包。將不同的口味包裝進可愛的和風袋子中。

SHOP 販售處

日本橋髙島屋、銀座三越、伊勢丹新宿店、新宿髙島屋、西武池袋本店、澀谷站東急東橫店、松坂屋上野店、橫濱髙島屋、JR京都伊勢丹……等。

赤坂柿山為能代表日本的御欠（おかき）專賣店。以愛護稻米、手工製作御欠為宗旨，40餘年來堅持不間斷地製作出讓消費者感受到稻米香氣及美味的御欠。只要是日本人都知道，只要贈送赤坂柿山販售的商品做為伴手禮，對方一定會非常開心。其中，名為「慶長」的薄燒霰餅（あられ）特別受到喜愛，是以富山縣的名產——新大正糯米為原料製成，完整發揮原料美味，可品嚐每一粒稻米的口感，是其他商品模仿不來的絕品。另一個受到歡迎的商品是「慶凰」，製作商品的師傅們將加州產杏仁粒做成外層，外型可愛又好入口。

種類豐富的日本「煎餅」

在中文裡，將由稻米或糯米製作的醬油口味日式點心統稱為「煎餅」，而在日本則分成好幾種類別，主要有由糯米製成的稱作「御欠」（おかき）、「霰餅」（あられ）；由一般稻米製成的稱作「煎餅」（せんべい）。那麼御欠跟霰餅有什麼區別呢？簡單來說，外型比較大的是御欠，外型較小且做成類似圓球狀的是霰餅；不過根據地域及店家不同，也會有不同的稱呼方式。

「御欠」的起源

　　據說在距今約 1000 年前，就已經開始吃以麻糬為原料製成的御欠了。因為日本在過年時，有將「鏡餅」供奉於神佛前的習慣，而將變硬後的鏡餅用手從邊端剝下，風乾後再油炸食用，據說這就是御欠的起源。麻糬與酒類是日本祭典及儀式中不可或缺的供品，一年當中也有許多節日都能品嚐到麻糬類的點心，像是 3 月桃花節的櫻餅、5 月端午節的柏餅、中秋節的賞月丸子等等。此外，日本人認為麻糬是「神靈降臨的地方」，所以自古以來在新年時節會舉行重要的儀式並供奉鏡餅，祈求新的一年豐收。御欠便是從這樣神聖的鏡餅演變而來，對日本人來說是珍貴的食物，長久以來一直受到大家的喜愛。

推薦
商品

 赤坂組合
（赤坂あわせ）1 罐　1080 日圓
外包裝做成像是蒔繪硯箱的獨創彩繪罐。有慶長的「墨罐」、「紅罐」；慶凰的「珍珠罐」；裝入各種口味霰餅的「銀罐」等。可自行組合喜歡的商品，做出屬於自己的專屬禮盒。

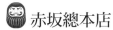

赤坂總本店

📍 東京都港区赤坂 3-6-10
🕐 營業時間：平日 09:00 ～ 20:00，
　　週六 09:30 ～ 18:00，週日、假日公休
🚉 從千代田線「赤坂站」步行 3 分鐘
@ www.kakiyama.com

豆源 MAMEGEN

創店至今已 150 餘年，本店座落於麻布十番，是間歷史悠久且能代表日本的老店。招牌商品「鹽味御欠」（塩おかき），一直遵照古法以簡單方式製作，將製作所需的原料仔細曝曬乾燥，再以 240℃的米油及麻油炸得酥脆後，快速地撒上鹽巴，靠著純熟的製作技術維持著一致口味。因為這拿捏得恰到好處的鹹度而被俘虜的日本人不在少數，有許多日本代表性的演員都為其擁護者，異口同聲地說：「只要一開始吃，就停不下來。」因為製作時使用品質優良的油品，不會讓人覺得油膩，真的吃到停不下來呢！

除了這裡介紹的包裝種類之外，以相同價格還可以買到經濟包裝。也很推薦醬油口味的「油炸御欠」（揚おかき）喔！除了御欠之外，豆源還有販售 100 種以上的豆類點心，隨著四季轉換還提供季節性商品，因為種類豐富多樣化，讓顧客不會感到厭倦，也是豆源至今仍然受到喜愛的原因之一。

🔙 鹽味御欠
（塩おかき）
11 包裝
378 日圓

SHOP 販售處

東京晴空街道、伊勢丹新宿店、東武百貨店池袋店、澀谷站東急東橫店、松屋銀座、日本橋髙島屋、大丸東京店……等。

 由左至右

抹茶　378 日圓
大量使用宇治的抹茶，以香川名產和三盆糖調出高雅的甜味。

糊塗豆（おとぼけ豆）　324 日圓
人氣 No.1 的豆類點心。有青海苔、海苔絲、蝦子 3 種口味。

梅落花　324 日圓
富含梅子風味，受到女性歡迎的超人氣口味。

店・舖・資・訊

🎎 麻布十番本店

　　在本店還可以看到實際製作鹽味御欠的表演販售。從店舖前經過就能聞到一股香氣呢。在 11:00 ～ 13:00、14:00 ～ 16:00 時段前往的話，可以買到剛炸好的商品。

📍 東京都港区麻布十番 1-8-12

📞 03-3583-0962

🕐 10:00 ～ 20:00，週二不定休

🚗 從東京 Metro 地鐵南北線「麻布十番站」
　　4 號出口步行約 3 分鐘

@ www.mamegen.com

池田屋（いけだ屋） IKEDAYA

　　草加煎餅是埼玉縣草加市的名產，也是代表日本的煎餅之一。老字號「池田屋」擁有150年歷史，其製作的草加煎餅100%使用當地產的在來米為原料，由10年以上經驗的傳統產業技師，邊壓扁邊翻面燒烤製成。以此方式在草加製造的煎餅，才能稱為「草加煎餅」。

　　草加煎餅的起源非常古老，據說可追溯自數百年前，由一位名為阿仙的婆婆將剩下的米丸子壓扁、烘烤之後演變而成。由於草加市附近就是野田等醬油的產地，可就近取得產地的醬油，因此而誕生的草加煎餅，美味的名聲傳遍日本全國。

　　池田屋非常重視傳統，對醬油、米、天然地下水等原料極為堅持，不只是從洗米、蒸煮等費時繁複的過程，燒烤也遵循古法，使用瓦片將煎餅一邊壓扁一邊烤硬。150年來堅持從製作煎餅原料到烤製完成的一貫過程，將草加煎餅的傳統延續至後世。不論是硬度、醬油、在來米的風味，一口就能嚐出日本煎餅的正統美味。店內的「手工炭烤煎餅──匠」更曾獲得第24屆全國菓子大博覽會名譽總裁獎。想品嚐道地的煎餅滋味，請務必前來池田屋！

⬆ 手工炭烤煎餅——匠
（こだわりの炭火手焼—匠）18 片裝　2602 日圓

 **販售處**

大丸浦和 PARCO 店、羽田機場、成
田機場……等（羽田機場、成田機場皆
非常設店）。

 綜合煎餅禮盒（箱入り詰め合わせ）
14 片裝　1080 日圓

店・舖・資・訊

🎎 **本店**

📍 埼玉県草加市吉町 4-1-40

📞 048-922-2061

🕘 09:00 ～ 19:00，元旦公休

🚃 從東武線「草加站」東出口步行約 9 分鐘

@ www.soka-senbei.jp

餅吉（もち吉） MOCHI KICHI

將煎餅烤過之後，立即浸入醬油醬汁內，濕煎餅的奧妙之處就是既能享受煎餅半軟半脆富有嚼勁的口感，還能嚐到濃郁的醬油風味。推薦你於啜飲熱茶時一同享用！

「能發現各種美食」是我從事派遣銷售員的理由之一，而能遇到各種顧客也非常有趣！會來逛百貨公司地下街的人們，每一位都非常喜愛美食，「餅吉」就是我在東京百貨公司販售其他品牌的煎餅時，一位大叔顧客分享給我的店家。據說他偶然拿到單包裝的濕煎餅，因為實在太好吃了，所以他特地把包裝袋帶回家，調查了店家的相關資訊。大叔跟我說：「哎呀，我這輩子吃過各式各樣的濕煎餅，當中就屬『餅吉』最好吃呢！」於是我趕緊買了餅吉的煎餅來品嚐，果然如大叔推薦的一樣美味！餅吉的濕煎餅比其他店家所販售的來得薄，較易入口，富有嚼勁的口感令人不斷想喊出「再來一片」！實在是讓人停不了的好滋味。而且，與其他百貨公司地下街商店所販售的煎餅相比，餅吉不管哪一種煎餅的價格都很划算。

餅吉是源自九州的人氣店家，持續80年堅持製作這種好味道。其煎餅及霰餅皆選用日本國產的最高級米，並使用從福岡福智山系取得的高純度天然水，加上爐火純青的職人手藝，才能製作出最高品質的煎餅。只要淺嚐一口，腦海中瞬間浮現稻穗隨風搖曳的日本田園風光，有著讓人放鬆的安心感。

← 濕味千（ぬれ味千）
醬油味 486 日圓

濕味千（ぬれ味千）→
金芝麻 486 日圓

推薦商品

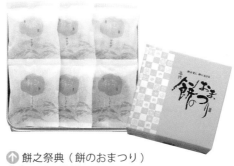

↑ 餅之祭典（餅のおまつり）
小盒 1296 日圓
於全國菓子大博覽會中榮獲名譽總裁獎。

 販售處

大丸札幌店、羽田機場（第 2 航廈）、
大丸福岡天神店……等（每家店舖販售
商品各有不同）。

店·舖·資·訊

 博多本店

📍 福岡県福岡市博多区御供所町 2 番 3 号
📞 092-263-9770
🕐 09:00 ～ 19:00，元旦公休
🚇 從地鐵空港線「祇園站」1 號出口即達
@ www.mochikichi.co.jp

東京銀座本店

📍 東京都中央区築地 1-13-14
📞 03-6226-4520
🕐 09:00 ～ 19:00，元旦公休
🚇 從東京 Metro 地鐵日比谷線「築地站」
　 2 號出口步行約 3 分鐘

看見日本四季之美——和菓子

京菓子處 鼓月 KOGETSU

 千壽煎餅（千寿せんべい）8 個裝　1080 日圓

一說到京都伴手禮的人氣常規商品，就會想到鼓月的「千壽煎餅」，於類似莎布蕾（譯注：Sablé，麵餅的一種，以酥脆口感及奶油風味為特徵）鬆脆口感的波浪狀煎餅中夾入糖霜奶油，無論是跟日本茶或是紅茶一起享用都很適合。

千壽煎餅是過年等節日享用的最佳甜點，也是送給重要對象的不錯伴手禮，時尚又帶有高級感的外包裝十分具有魅力。受到大家喜愛的千壽煎餅已有 50 年的歷史，目前於日本國內設有許多店舖。

SHOP 販售處

大丸札幌店、松屋銀座、名古屋三越榮店、JR 京都伊勢丹、大丸京都店、大丸神戶店、阪急梅田本店、大丸心齋橋店、大阪髙島屋、博多阪急……等。

店·舖·資·訊

河原町店茶房鼓樂（茶房こげつ）

📍 京都市中京区河原町通三条上ル下丸屋町 407 番地 2
ルート河原町ビル 1 階

📞 075-255-2600

🕐 平日 09:00 ～ 19:00，假日 09:00 ～ 18:00，元旦公休

丸久小山園 MARUKYU KOYAMAEN

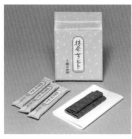

（⬅）抹茶奶油捲心酥
（抹茶クリームロール）10 個裝 540
日圓
剛出爐口感酥脆的捲餅，搭配嚴選抹茶製成的抹茶奶油。

（⬅）抹茶薄餅（抹茶サクレット）10 個裝 540 日圓
放入大量高級抹茶製成，擁有纖細口感的餅乾，一放入口中抹茶的香氣立即擴散開來。與薄餅中塗抹的白巧克力醬完美調和，堪稱絕品！

我在百貨公司物產展售會販售抹茶商品時，總會問師傅：「商品是使用哪裡的抹茶製作的呢？」從眾多的名店及老字號店舖得到的答案都是「丸久小山園」，就連某間京都老字號店主也曾表示「丸久小山園的抹茶非常珍貴」。獲得如此高評價的丸久小山園已有 300 年歷史，可說是老字號中的老字號。創店以來一直遵守宇治茶傳統，以「品質至上的製茶」為宗旨，從種植茶樹、製作到販賣，每個步驟都十分講究，並且年年參加全國茶品評會等競賽，曾多次獲得大臣賞。使用丸久小山園的抹茶製作的點心，無論是風味或香氣都是使用其他抹茶的點心無法比擬的。

店・舖・資・訊

 西洞院店 茶房「元庵」

📍 京都市中京区西洞院通御池下ル西側

📞 075-223-0909

🕐 09:30 ～ 18:00，茶房 10:30 ～ 17:00。週三
（如遇假日則營業）及元旦～ 1 月 3 日公休

🚃 從京都市營地鐵東西線「二条城前站」2 號出口
步行約 6 分鐘

@ www.marukyu-koyamaen.co.jp/

🏔 SHOP 販售處

JR 京都伊勢丹、其他京都名產店等。

日本飲食文化之花──和菓子

監修／全國和菓子協會

　和菓子距今已有超過千年的歷史，現今所吃的和菓子當中，大多數是誕生於江戶時代。在不同的地域創造出不同的和菓子，種類眾多數都數不清呢。

御萩（おはぎ）

　紅豆外皮像花瓣般置於豆沙團之上，看起來就像是小小萩花盛開的模樣，因此被稱為「萩餅」（萩の餅）、「萩花」（萩の花），古代宮女則稱其為「御萩」。據說紅豆的紅色具有驅除邪氣的效果，秋季、春季的彼岸時分，有以御萩當成供品來供奉先祖的習慣，因為看起來有點神似牡丹花，所以春天時被稱作「牡丹餅」，秋天則稱作「御萩」。

櫻餅

　江戶時代有一位名叫新六的人，在現今東京向島地區的長明寺當門衛。每到春天，新六就苦惱於紛落櫻葉的掃除工作，後來他想出利用醃漬後的櫻花葉包覆麻糬製成點心，據說這就是櫻餅的起源。各地的櫻餅製法不太相同，關東是以麵糊烤成薄皮後包覆內餡；關西則是以糯米蒸熟後乾燥壓碎的「道明寺粉」為原料製成。

⬆ 關東的櫻餅。

🌸 柏餅

　　柏餅是於 5 月 5 日端午節時吃的食品，由於槲櫟（柏）葉有「在新芽生出前，老葉不會掉落」這種特性，象徵子孫繁榮昌盛。而在將內餡包入麻糬時的手勢，看起來像是雙手合十參拜（柏手を打つ）的樣子，也帶有吉祥之意。除了常見的豆沙餡、豆粒餡外，也有味噌餡及以草餅製成的柏餅，口味依據地域性而有不同。

🌸 粽子（ちまき）

　　雖然在日本的端午節大多是以吃柏餅為傳統，但許多日本人也有吃粽子的習慣，包括有以竹葉包著糯米後，以水煮熟的新潟縣三角粽子，或流傳於鹿兒島等地，以竹葉等包著浸泡一夜的糯米，再以鹼水煮熟而製成的「灰汁卷」（あくまき）等。以上二種，都是沾混合砂糖跟黃豆粉的粉末來吃。

🌸 丸子（団子）

　　丸子的歷史可追溯至繩文時代。當時將橡子、櫟木的果實、七葉樹的果實等磨成粉狀，再加入水中，去除澀味後做成粥狀或小球狀來吃。此外，竹籤串丸子的數量也存在各式說法，像是在關東地方通常 4 個丸子為一串，據說這樣算錢較方便；關西地方則大多為 5 個一串，象徵人的頭和手足，將其當成供品。

🌸 羊羹

　　據說羊羹的根源是從中國傳來的點心「羹」而來。在當時日本並不盛行吃獸肉，使用麵粉及紅豆做成仿照羊肉的素材放入湯裡，為蒸羊羹的起源。其中洋菜凍（寒天）量較多，口感較硬的為煉羊羹；洋菜凍量較少，口感較軟的為水羊羹；也有加入麵粉或葛粉等蒸製的蒸羊羹。根據地域而有不同特色。

🌸 最中餅（最中）

　　最中的原型是日式乾點心，最早只有現在最中餅外面那層皮的部分而已，之後才演變成在中間夾入餡料的形態。最中這個名字的由來是來自《拾遺和歌集》中所出現藤原定家的詩歌，有中秋的明月之意。為了讓外皮的部分不受濕氣影響，製作內餡時為了調整水分會加入較多的砂糖，使內餡較為黏稠。

🌸 大福

　　據說因易有飽足感而被稱為「腹太餅」。江戶時代有位名為玉（お玉）的女性將它命名為「大腹餅」後，當作商品販售。之後將「腹」字換掉成為「大福餅」。因大福放置一段時間就會變硬，昔日會先以火烤軟後再食用。由於烤後芳香誘人，即使進入昭和時期，日本人仍習慣烤過再食用。

🌸 草餅

　古時候的草餅並不是使用艾草，而是使用鼠麴草（ハハコグサ）來製作，後來無論是香氣、味道、顏色、藥效等都較優良的艾草從中國傳入，才使用至今。草餅的起源最早是為了祈求女子能健康成長與幸福，而將藥草加入麻糬中製成禮品分送。

🌸 蕨餅（わらび餅）

　蕨餅的起源可溯自距今約 1300 年前的奈良時代。為製作蕨粉，必須在山中來回尋找，將深入地中的蕨根挖起，且 10 公斤的蕨根只能萃取出約 70 克的蕨粉，精製蕨粉的時間又需花費數十天，相當珍貴。現在的蕨餅幾乎是以番薯粉或樹薯粉中取得的澱粉為主要原料，真正使用蕨粉製作而成的蕨餅其實非常少見。

※ 以上為廣為一般人熟知的說法，因地域不同，說法也各異。
※ 照片提供／なごみの米屋（櫻餅、羊羹、最中餅、大福、草餅）、叶 匠壽庵（御萩、柏餅、粽子、丸子）、文の助茶屋（蕨餅）。實際品牌產品與照片呈現可能有所差異。

日本年中節慶與和菓子

監修／全國和菓子協會

小時候，一到女兒節，家裡就會設壇擺設雛人形，全家吃櫻餅來慶祝；有男孩子的家庭，則於端午節時陳設模型鎧甲，在庭院裡放置鯉魚旗並吃柏餅；彼岸時，奶奶會製作御萩等我們回鄉……和菓子的存在，其實也搭起了現代人與這些逐漸被淡忘的節慶間的橋樑，看到形形色色的和菓子，就能感覺到「啊，又到了這個時節了呢」。

🌸 1月1日 元旦

家家戶戶以鏡餅裝飾家中壁龕（床の間），將以松竹等製成的門松掛在家門口，用來迎接年神。在當天也會吃年節料理（おせち料理），並前往神社新年參拜（初詣），祈求無病無災。在京都會吃搭配茶道的和菓子，這種和菓子是將麻糬或求肥做成半月形外皮，包覆牛蒡、白味噌餡及桃色麻糬製成。

🌸 2月3日 節分

兩個季節的分界點。口中邊念著「鬼出去，福神進來」，從家中由內往外撒出被當作有靈力的豆子來驅除邪氣，祈求一整年無病無災，最後取出與年齡相同數量的豆子吃掉，就能保持身體健康。另外還有一種近年來較少見的習俗，將冬青樹枝叉著烤過的沙丁魚頭裝飾於大門口，讓邪氣遠離。

🌸 3月3日 女兒節（ひな祭り）

祈求家中女孩健康成長與幸福的節慶。平安時代有將紙或草等做成人形，表示將災厄轉移其上，然後將紙人放入流水中流走的習俗，據說是擺設雛人形的開端。當天會吃櫻餅、草餅、雛霰、散壽司等食物來慶祝。傳說若是過了女兒節還不將雛人形收起來，家中的女兒就會很晚才出嫁。

🌸 5月5日 端午節（端午の節句）

據說端午節是奈良時代時從中國傳入的。為祈求男孩健康成長而擺設武士鎧甲及鯉魚旗，並象徵出人頭地。為驅除邪氣，還會在門口上方掛著艾草、菖蒲，泡澡時也會放入菖蒲根及葉子，以求無病無災。當天會吃柏餅、粽子等食物來慶祝。

🌸 7月7日 七夕

傳聞是自古以來盂蘭盆節慶典的一部分，主要是縫製衣裳做為供品，祈求秋季豐收，結合中國「乞巧奠」儀式，加上牛郎與織女的傳說演變而成。至今仍有將願望寫在長方形詩籤，與裝飾品一起掛上許願竹，向星星祈求心願實現的風俗習慣。

🌸 彼岸（春季、秋季）

　以春分或秋分為準，前後為期一週，在這段時間內掃墓，製作御萩供奉祖先。在佛家用語中，將祖先們存在的世界稱為「彼岸」，活著的人們生存的世界稱為「此岸」。之所以選在春分及秋分，是因為這兩天太陽從正東方升起、正西方落下，西方的彼岸與東方的此岸最易有聯繫之故。

🌸 盂蘭盆節（お盆）

　傳說逝世的祖先亡靈從彼岸回來，與家人度過短暫的時光後再度返回的節慶。現在多以 8 月 13 日到 16 日間的 4 天為盂蘭盆節，根據地域仍各有差異。這段期間會有以小黃瓜及茄子插上竹筷子的裝飾，前者代表馬，為了讓過世的親人趕快回來；後者代表牛，希望回程走慢一點。

🌸 9 月 9 日 重陽

　五節慶之一，因使用菊花祈求長壽不老及繁榮昌盛，又稱「菊花節」。日本人相信菊花具有驅除邪氣、幫助長壽等功效，所以在重陽節這天會飲用菊花酒及吃栗子飯，另外據說吃茄子可預防中風，所以在重陽節時也會食用。

🌸 9 月 中秋（十五夜）

於舊曆 8 月 15 日的仲秋時分，賞月、供奉芒草及丸子的節慶。古時日本主食為芋頭，由於收穫季節約為 8 月 15 日的滿月，所以這天又有芋名月之稱。後為祈求豐收，以稻米製作丸子做為供品，關東地區多供奉圓形，關西則多以芋頭形狀為主。而供奉芒草是因其外形近似稻穗，且有除魔意涵。

🌸 11 月 15 日 七五三

江戶時代流傳至今，慶祝兒童順利成長至 3 歲、5 歲、7 歲的節日。古時認為奇數是吉祥的數字，以前的小孩 3 歲開始蓄長髮，5 歲的男孩開始穿和服褲，7 歲的女孩可紮束帶穿和服。為祈求長壽，還會買千歲飴來吃。

※ 日本年中節慶因地域而各不相同，節慶由來也有各種說法。

PART 02

璀璨繽紛的甜美之景
——洋菓子

日本洋菓子的文化，是由停泊在海港（例如神戶等區域）的外國船隻引進的。經過長時間的演進，現在日本洋菓子的技術已廣受國際讚賞。現在就為你介紹非吃不可以及最適合當作伴手禮的洋菓子！

ANTÉNOR アンテノール

創始於神戶的西式點心店「ANTÉNOR」（アンテノール），於 1978 年時，在西方及日本文化相互融合的港口城市──神戶開設店舖。充滿時尚高級感的店舖內，展示著各式蛋糕及烤製點心。

我推薦做為伴手禮的是「ANTÉOISE」（アンテワーズ）。以達克瓦茲餅夾奶油內餡的三明治餅乾，是店內超過 20 年的超人氣商品。蛋白杏仁餅外層酥脆，內部帶有一點濕潤，輕盈口感充滿特色。僅有約 5 公厘厚度的餅中，能有如此多樣化的口感，果然是專家才有的手藝。達克瓦茲餅是以大量蛋白與杏仁粉，加上少許麵粉製作而成。甜點師傅憑著豐富經驗，邊確認溫度及質感邊製作麵糊，在 10 分鐘內快速且溫柔地擠出形狀，再放進烤箱烘烤出酥脆又鬆軟的口感。一口咬下立即感覺幸福滿溢，彷彿被帶往夢幻的世界一般。

← 焦糖杏仁（キャラメルアーモンド）
6 個裝 1296 日圓
將香氣十足焦糖化後的杏仁磨碎後加進焦糖奶油，微香的黑糖蛋白餅與奶油交織出濃郁好滋味。

← 香草葡萄乾（バニラレーズン）
6 個裝 1296 日圓
達克瓦茲餅中夾入帶有溫和香草味的奶油與洋酒醃漬的葡萄乾，入口即化的口感中帶點葡萄乾的酸甜滋味。

推薦商品

SHOP 販售處

大丸東京店、松坂屋上野店、西武池袋本店、松坂屋名古屋店、大丸京都店、JR 京都伊勢丹、近鐵百貨店奈良店、阿倍野 HARUKAS 近鐵本店……等（每家店舖販售商品各有不同）。
www.antenor.jp

兵庫縣

WITTAMER ヴィタメール

↑ 夏威夷豆巧克力
〔マカダミア・ショコラ（ミルク）〕
8 片裝　1080 日圓

← WITTAMER 綜合巧克力（ショコラ・ド・ヴィタメール）20 個裝　5832 日圓
調溫巧克力包覆各式內餡的巧克力，包括干邑白蘭地、德國櫻桃酒等搭配堅果仁、由焦糖奶油製作而成的甘納許醬等（盒裝巧克力的內容物各有不同。）

皇家瑪德蓮 →
〔ロイヤル・マドレーヌ
（バニラ）〕
8 個裝　1080 日圓
散發濃醇奶油與溫和香氣，製作成兩口大小的瑪德蓮蛋糕，口感較為濕潤。

「WITTAMER」是於 1910 年比利時首都布魯塞爾創立的老字號店舖，為比利時皇室御用點心。如此頂級的西式點心，竟然在日本也吃得到！

由在比利時本店學藝的師傅們，將當地口味於日本重現，另一方面亦製作獨創點心，成為富有魅力的店家。商品之中，讓多數西式點心狂熱者、美食雜誌執筆者念念不忘的話題商品，就是「夏威夷豆巧克力」。於剛出爐烤得酥脆的莎布蕾上，放上夏威夷豆、杏仁，再裹上牛奶口味調溫巧克力。濃醇巧克力、夏威夷豆加上莎布蕾的酥脆感，融合出完美滋味與口感，堪稱絕品。由於售價適中且包裝高雅時尚，請務必將高人氣的「夏威夷豆巧克力」送給重要的那個人！

🏔 SHOP 販售處

大丸東京店、日本橋髙島屋、松坂屋上野店、新宿髙島屋、西武池袋本店、橫濱髙島屋、名古屋松坂屋、大丸京都店、大阪髙島屋、大丸心齋橋店、阪神梅田本店、大丸神戶店（2 樓咖啡廳）……等（每家店舖販售商品各有不同）。
www.wittamer.jp

璀璨繽紛的甜美之景─洋菓子

銀座 WEST 銀座ウエスト

西式點心的老字號「銀座 WEST」，為了發揮嚴選素材的原本風味，點心師傅們維持創業以來一貫的手工製作方式，並於製作過程中儘可能不使用防腐劑、香料、色素等添加物。因為幾乎只能在東京圈內買到，所以是十分受歡迎的東京伴手禮。

我最想推薦店內的代表商品「葉子派」。將生奶油與麵粉混合製成的麵糰折疊 256 層後，一個一個手工做成樹葉的形狀，再送進烤箱烘烤。讓人訝異的是，就連葉脈都是一條一條以手工製成！每片葉子派都能感受到師傅製作的心意。奶油風味以及酥脆的派皮口感，加上白砂糖帶來的特殊咬勁，滋味實在絕妙！

每項點心都堅持以手工製作，能感覺到店家耿直的精神，銀座 WEST 可說是能代表日本的洋菓子店。偷偷告訴大家，雖然東京有許多西式點心，不過購買 WEST 做為伴手禮的話，會被認為「這個人可不是隨便亂買，而是因為熟知 WEST 之美味才選擇其商品」而受到讚賞喔！氣質高雅且帶給人誠實印象的 WEST 西式點心，更是各大公司行號做為送給重要客戶的伴手禮首選。

葉子派 ➡
（リーフパイ）
8 個裝
1188 日圓

SHOP 販售處

日本橋髙島屋、銀座三越、大丸東京店、新宿髙島屋、澀谷站東急東橫店、東武百貨店池袋店、松坂屋上野店、橫濱髙島屋、羽田機場、成田機場（第一航廈）……等（每家店舖販售商品各有不同）。

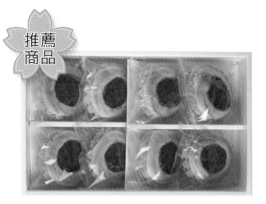

⬆ 維多利亞（ヴィクトリア）8 個裝 1620 日圓
在蛋塔形狀的餅乾麵糊中擠入蛋糕麵糊，經過初步烘烤後，再擠上波形摺邊的餅乾麵糊及使用日本國產草莓製成的草莓果醬，最後再次烘烤而成。是可以同時享受餅乾及蛋糕 2 種不同口感的暢銷商品。

⬇ 綜合餅乾組合 A（ドライケーキ A 詰め合わせ）
13 個裝 2376 日圓
受到許多人歡迎的綜合餅乾組合。所有食品只使用天然香料與天然色素，充分利用原料本身的味道製作。

店・舖・資・訊

WEST 銀座本店

在充滿現代感的銀座本店，可享用阿爾卑斯天然水製成的咖啡及蛋糕。

📍 東京都中央区銀座 7-3-6
🕐 週一～週五 09:00 ～ 23:00，假日 11:00 ～ 20:00，1 月 1 日～ 1 月 3 日公休
📞 03-3571-1554
🚌 從地鐵「銀座站」步行 5 分鐘
@ www.ginza-west.co.jp

璀璨繽紛的甜美之景——洋菓子

銀葡萄 銀のぶどう

店內販售的點心不論是口味還是外觀，全部都十分有品味。而且因為經常被當成送人的禮物，所以包裝也設計得非常時尚，對送禮的人來說十分貼心。此外，店員在接待客人的態度也無可挑剔。在 GRAPE STONE 經營的所有店舖中，總是能看到店員笑容可掬地接待客人，就算是在百貨公司的地下街，GRAPE STONE 的微笑服務也是最搶眼的！從這樣的交流之中，能感覺到銀葡萄除了致力於提供美好的味蕾經驗，更蘊含了每位員工接待顧客的溫暖與真心誠意。如果能遇見這種秉持日本引以為傲待客之道的店員，一定也能成為旅行中的美好回憶吧！

銀葡萄由販售超人氣「東京 BANANA」的 GRAPE STONE 所經營，是受到許多人喜愛的洋菓子店。銀葡萄販售品項種類多元，無論是西洋風商品或和風商品，口味都頗受好評。

所有商品當中，我最推薦的是超人氣商品「KINUSHA」（衣しゃ），爽口且酥脆的口感、高雅且溫和的口味，是銀葡萄獨創的貓舌餅乾。藉著世界首創的「摺疊製法」，將貓舌餅乾製作得彷彿疊起的薄紗衣般輕柔精緻，只有這種特殊的製法，才能創造出這種極品點心吧！這種酥脆的口感，無論老少都很方便享用，是當成伴手禮的絕佳商品！

SHOP 販售處

大丸東京店、西武池袋本店、SOGO 橫濱店、JR 名古屋髙島屋、梅田阪急本店……等。

← KINUSHA 原味
（衣しゃ生成り）
8 片裝　540 日圓
貓舌餅乾酥脆的口感令人著迷，很適合當作伴手禮。

KINUSHA 巧克力（チョコレートの衣しゃ）
16 片裝　1080 日圓
巧克力口味的 KINUSHA 也廣受歡迎（每家店舖販售口味不同，也有限定口味）。

推薦商品

⬆ 竹簍純白起士蛋糕
（チーズケーキ かご盛り白らら）1080 日圓
電視及雜誌爭相報導的絕品。由自然脫水而成的生起士製成，是帶有入口即化柔順口感的起士蛋糕。
※ 需冷藏，最佳食用日期 2 天

⬆ 銀葡萄巧克力三明治夾心餅（花生）
（銀のぶどうのチョコレートサンド＜ピーナッツ＞）
12 片裝　1080 日圓
在添加花生的巧克力餅乾夾入 2 種巧克力夾心，其中「WHITE」為牛奶風味的白巧克力，「BROWN」為濃郁的牛奶巧克力，給人濃而不膩的味覺享受。
※ 僅於「阪急梅田店」、「Sugar Butter Tree 博多阪急店」販售

店・舖・資・訊

🎎 大丸東京店

📍 東京都千代田区丸之内 1-9-1 1 階
🕐 依照大丸東京店營業時間
📞 03-3212-8011
🚗 「JR 東京站」八重洲北口剪票口附近
＠ www.ginnobudo.jp

黑船 QUOLOFUNE

黑船 RASQ ➡
（黑船ラスキュ）
24 個裝 2160 日圓

　　本店設於自由之丘的洋菓子專賣店「黑船」，因為商品美味成為網路熱門話題，瞬間成為於全日本百貨公司地下街設有店舖的超人氣品牌。

　　店內商品皆是當日以窯烤製的長崎蛋糕（亦稱卡斯提拉蛋糕），從材料到製作過程，全都非常講究。像是原料之一的雞蛋，從飼育環境開始就十分講究，讓蛋雞們在環境良好的大自然中無壓力地成長，產下的雞蛋味道濃郁，且蛋白富有彈力及黏性。另外，透過將日本國產麵粉仔細過篩，讓麵粉粒細度均一，製作出柔軟蓬鬆的口感，讓蛋糕嚐起來口味高雅、濕潤且入口即化。

　　其他像是以獨到的比例配方，混合以北海道生產的甜菜為原料的甜菜糖、以紅甘蔗為原料的上白糖等等，種種耗費心力的步驟與要求，都能看出黑船在製作上的用心與講究，才能完成如此極品的長崎蛋糕。

　　在所有黑船的商品中，我最推薦的，就是由如此美味的長崎蛋糕所製作的奢侈烤製點心——「黑船 RASQ」，只要吃過一次就難以忘懷！前所未有的鬆脆口感，卻能入口即化，並在口中擴散溫和甜味以及雞蛋的輕柔香氣……實在讓人忍不住想念啊。

← PONTA RASQ（M size）100g 864 日圓
PONTA 在葡萄牙文中是「邊緣」之意，PONTA RASQ 就是以長崎蛋糕的邊緣部分烤製而成的點心。

OSAKA RASQ（M size）100g 864 日圓 →
PONTA RASQ 的大阪限定包裝（於南堀江店、阪急梅田本店、大丸心齋橋店、大阪高島屋販售）。

🏔 SHOP 販售處

新宿髙島屋、松屋銀座、西武池袋本店、松坂屋上野店、日本橋髙島屋、GRANSTA（東京站）、羽田機場、橫濱髙島屋、松坂屋名古屋店、阪急梅田本店、大丸心齋橋店、大丸神戶店……等。

推薦商品

⬆ 黑船卡斯提拉蛋糕（黑船カステラ）
1 條 1188 日圓
能夠享受新鮮的雞蛋滋味跟香氣，有著濕潤鬆軟口感的長崎蛋糕。

⬆ 黑船銅鑼燒（黑船どらやき）
1 個 227 日圓
內餡使用北海道產紅豆。黑糖的自然甜味加上 Q 彈口感，是其他銅鑼燒無法模仿的滋味。

店·舖·資·訊

🎎 自由之丘本店

📍 東京都目黑区自由之丘 1-24-11

📞 03-3725-0038

🕙 10:00 ～ 19:00，週一公休
（如週一為國定假日，隔日公休）

🚌 從東急東橫線「自由が丘站」步行 6 分鐘

@ www.quolofune.com/

璀璨繽紛的甜美之景──洋菓子

和樂紅屋 WARAKU BENIYA

🔙 和風法國麵包脆餅（添加稀有糖）
〔和ラスク（希少糖入り）〕14 枚裝 1000 日圓

　　我長時間從事派遣銷售員的工作，這個工作必須以週為單位，到各百貨公司販售各地知名特產品，或前往百貨地下街支援人手不足的店舖，所以可以遇到不同種類的特產品及甜點。正因為每天都被美食圍繞，所以對食物特別講究，也對味道非常敏感。在與食品銷售員朋友們聚會時，我們的話題總是「最近遇到的美食」，像是討論目前正流行的甜點，或交換只有銷售員才知道的內幕資訊。在如同美食評論家的銷售員夥伴口中，經常聽到「點心師傅辻口先生」的大名，讚賞他的法國麵包脆餅有多好吃！辻口先生在喜歡甜點的人當中，是無人不知的權威點心師傅。這裡就要介紹辻口先生親自打造，商品適合做為伴手禮的和式甜點店舖「和樂紅屋」。

　　老家原本就是經營和菓子店的辻口先生，雖然曾以西洋點心師傅名義參加許多世界大賽，但更加追求「和」的精神，並希望發揚至全世界，因此創立了這個活用和式素材來創作甜點的品牌。和樂紅屋的代表作是「和風法國麵包脆餅」，正是完美結合西式與和式素材的新感覺甜點。表面塗上和三盆糖與風味豐醇的北海道產發酵奶油，與法國麵包脆餅構成美妙的平衡感，譜出高雅的甜味與特殊風味，酥脆好入口的口感讓人上癮。如有機會到這裡的話，請務必試試看！

販售處

澀谷 Hikarie ShinQs、ecute 品川、ecute 東京、ecute 上野……等。

甜點權威，辻口博啟

一般社團法人日本甜點協會代表理事，代表日本參加各種世界大賽，榮獲以世界盃甜點大賽（Coupe du Monde de la Pâtisserie）為首的各種獎項，為有無數獲獎經驗的甜點界權威。

⬆ 彩・和風法國麵包脆餅（彩り和ラスク）
30 片裝 4000 日圓

將和風味濃厚的各種素材當成原料，一個一個仔細地以手工塗抹於法國麵包上再烘烤，有甘王草莓、天空抹茶、黃豆粉、味噌、牛蒡等口味，是帶有令人懷念口感的新滋味。

⬆ 和三盆派（和三盆パイ）
5 片裝 630 日圓

以讚岐和三盆糖的溫和口感及甜味，加上烤杏仁果的香醇仔細烘烤製成。外包裝以可代表東京的景物為設計重點，適合當做東京的伴手禮。

店・舖・資・訊

🎎 麻布十番本店

📍 東京都港区元麻布 3-11-2 カドル麻布十番 1 階

📞 03-6721-1232

🕐 11:00 ～ 19:00，不定休

🚇 從東京 Metro 地鐵南北線「麻布十番站」步行 5 分鐘

@ www.waraku-beniya.jp

璀璨繽紛的甜美之景——洋菓子

日本橋 千疋屋總本店 SEMBIKIYA

⬆ 水果杏仁豆腐（絹ごしフルーツ杏仁）
（由左至右）草莓 540 日圓、哈密瓜 648 日圓、芒果 540 日圓、葡萄 540 日圓。

　　千疋屋可說是「百貨公司地下街之花」！店舖採用最基本的裝潢，並沒有太多華麗的裝飾，但販售的水果們實在美不勝收！精心挑選的最高級水果，以及用這些高級水果所製成的甜點，這些閃閃發光的高級禮品讓人忍不住看得入迷。據說千疋屋的水果是眾多公司佳節贈禮的最佳選擇，店內也常能看到各行各業知名人士來購買禮品的身影。之前我在百貨公司地下街工作的店舖，剛好就在千疋屋的旁邊──實在不好意思，事到如今才敢說出來，其實當時上班的時間，我滿腦子想的都是「不知道隔壁千疋屋的水果杏仁豆腐賣完了沒有？」有時候偷偷看著一個個被貴婦們買走的水果杏仁豆腐，只能淚眼默默跟它們道別。

　　想要推薦給大家的，是限定於羽田機場及東京車站銘品館販售的芒果口味！將香甜多汁的完熟芒果、切成星形的椰果與醬汁，大量覆蓋在柔嫩滑順如絹絲般的杏仁豆腐上，倒入醬汁的瞬間，猶如流星由空中滑落，讓人忍不住愛上這視覺、味覺享受都有如夢境的甜點。請務必前來代表日本的老字號店舖──千疋屋總店，享受極品甜點。

 ## 販售處

銀座三越、伊勢丹新宿店、新宿高島屋、日本橋高島屋、西武池袋本店、松屋銀座、羽田機場……等（每家店舖販售商品各有不同）。

← 水果果凍（ピュアフルーツジェリー）
14 個裝 5400 日圓

彷彿將剛收穫的甜美果實，鑲嵌裝飾於珠寶盒中。「白桃」充分發揮芳醇的香氣，西洋梨中的女王「法蘭西梨」（La France）盡情展現滑順感，「貓眼葡萄」（Pione）著重於豐醇與奢侈的味道，「黃金桃」則將入口即化的甜味緊緊地鎖住。是充分展現各種水果特色的暢銷果凍。

← 水果蛋糕（フルーツケーキ）
15 個裝 3240 日圓

質地濕潤的蛋糕中，加入大量橘子皮、檸檬皮、櫻桃、葡萄乾。是水果專賣店所發想、以水果為主角的烤製點心。

店・舖・資・訊

 千疋屋總本店（日本橋本店）

📍 東京都中央区日本橋室町 2-1-2 日本橋三井タワー內

📞 03-3241-0877

🕐 09:00 ～ 19:00（主要店舖），元旦、館內檢修日公休

🚃 從東京 Metro 地鐵銀座線或半蔵門線「三越前站」到站即達

@ www.sembikiya.co.jp

※ 日本橋 千疋屋總本店的店舖只開設於首都圈內

璀璨繽紛的甜美之景──洋菓子

成城石井 SEIJOISHII

← 成城石井自家製優質起士蛋糕
（成城石井自家製プレミアムチーズケーキ）
821 日圓

SHOP 販售處

澀谷站東急東橫店、LUMINE
新宿、LUMINE 橫濱、名古
屋站廣小路口、京都丸井、
近鐵奈良站前、ALBi 大阪、
難波 CITY……等。

　成城石井自 1927 年於東京世田谷區的成城創立以來，提供種類齊全的國內外優質食材，是日本代表性的高品質超市。

　與普通的超級市場相比，店內氣氛及商品陳列擺設完全不同，從世界各地收集而來的精選紅酒、起士、甜點等等，每項商品都非常有魅力，一不留神就會在此流連忘返。除此之外，店內的日本食品也非常豐富，在這裡可以找到各式各樣類別的精選商品，最適合想要購買不同種類商品時光臨。由於品質優良，每當想要挑選正式謝禮或是較為簡單的禮品時，成城石井真的可以幫上大忙。

　要推薦的熱賣商品是「成城石井自家製優質起士蛋糕」，以奶油起士為基底，搭配加入杏仁、葡萄乾的起士蛋糕、添加蔗糖的磅蛋糕、杏仁粉加工的糖粉奶油細末（Streusel）做成的三層蛋糕。此蛋糕的製作過程需要經過繁複的手續，據說一年約可售出 67 萬個以上。起士蛋糕吃起來味道濃厚，卻帶有清爽的後味，搭配酥脆可口的杏仁，與適時出現的葡萄乾酸味……這機關算盡的 3 層美味，是別的地方品嘗不到的。以紙盒加上塑膠上蓋包裝，外層再包上一層包鮮膜，就算要攜帶也很方便，是可以不用考慮就能輕鬆購入的絕讚起士蛋糕。

推薦商品

手卷納豆 180g 1717 日圓 ➡
模仿壽司卷的外型，以獨特製法將乾納豆、黃芥末、蔥、醬油、霰餅等材料捲入海苔中，製成一口尺寸的小點心。因為能輕鬆地吃到對身體有益的納豆而大受歡迎！

店・舖・資・訊

 EPICERIE BONHEUR
　　成城石井 大手町店

　　為成城石井開設的新型態業種，提供女性偏好的嚴選食品，也販售許多限定商品。

📍 東京都千代田区大手町 1-5-5 大手町タワー B2 階
📞 03-5220-2951
🕐 07:30 ～ 23:00，不定休
🚇 從東京 Metro 地鐵東西線或丸之內線等「大手町站」到站即達
@ www.seijoishii.co.jp

 **Le Bar a Vin 52 AZABU
　　TOKYO** 麻布十番店

　　成城石井開設的首間正式酒吧，在此可輕鬆享受從世界各地收集的高級酒類與食材。

📍 東京都港区麻布十番 2-2-10 麻布十番スクエア 2 階
📞 03-5439-6403
🕐 11:30 ～ 15:00；17:00 ～ 23:00（週五、假日前 11:30 ～翌日 05:00），不定休
🚇 從東京 Metro 地鐵南北線或都營大江戶線「麻布十番站」步行 2 分鐘

璀璨繽紛的甜美之景──洋菓子

鎌倉 LESANGES

鎌倉レ・ザンジュ

↑ 鎌倉派莎布蕾（鎌倉パイサブレ）
5 包裝　648 日圓

你曾到過鎌倉嗎？如果沒有的話，請務必大駕光臨。與京都相同，鎌倉有許多令人憧憬的元素，會讓人迸出「想要在那裡住住看」的念頭。遠離都市喧擾，鎌倉有著歷史感的街道及四季開放的各種花卉，是最適合散步或安排約會行程的城市！現在就要介紹一家位於鎌倉，擁有高人氣的洋菓子店「鎌倉LESANGES」。

鎌倉的姐妹市是法國南部的尼斯，鎌倉LESANGES 的建築物就是以尼斯的別墅為藍圖建造而成，每天都有許多為了品嚐手工蛋糕及餅乾的顧客光臨，邊眺望優美的中庭，邊優雅地享受下午茶時光。

我曾經在百貨公司展銷會中，擔任鎌倉LESANGES 的銷售人員，店舖提供的西式點心全部都非常美味，每一樣都是精心製作，不論是口感、外觀及包裝等，都非常有品味，十分適合做為送人的伴手禮。

眾多商品當中，我推薦鎌倉派莎布蕾。從北海道生產的奶油及牛奶中，嚴選每個時節最高品質的產品為原料，用心烘烤製成的派莎布蕾有著濃郁的奶油口感，好吃到難以形容，無論吃多少都不會覺得膩！每次舉辦展銷會時，都會有許多回頭客前來購買，可見其誘人的美味。曾經有位香港顧客在試吃第一口之後，因為覺得太美味了而脫口說出：「我要買一大箱！」如此美味的伴手禮長久以來深受眾多人的喜愛，只要嚐過一次就會愛上，請務必試試看。

 販售處

橫濱高島屋。

⬆ 軟餅乾鎌倉小石
（ソフトクッキー鎌倉の小石）（S size）1728 日圓
連續 3 年榮獲 Monde Selection 金獎。以南法尼斯的蔚藍海岸鋪滿的小石頭形狀為藍圖製成，是略帶濕潤口感的餅乾。

⬆ 湘南鎌倉年輪蛋糕（湘南鎌倉バームクーヘン）
1512 日圓
從 1982 年創業以來，歷經 30 年以上的自信之作。濕潤的口感與檸檬特有的清爽酸味，創造出令人懷念口感的年輪蛋糕。

店·舖·資·訊

🎎 鎌倉本店

　　位居車站不遠處，卻意外地十分安靜。根據不同季節，會大量使用季節盛產的新鮮果實，與原料搭配出新鮮濃厚的風味，不間斷地製作出最高品質的點心。歡迎在店內的中庭享受四季盛開的花朵與大自然之美，還能體會親近野生鳥類和松鼠等樂趣。

📍 神奈川県鎌倉市御成町 13-35

📞 0467-23-3636

🕐 10:00 ～ 19:00，無休

🚌 從 JR 橫須賀線「鎌倉站」步行 3 分鐘

@ www.lesanges.co.jp

璀璨繽紛的甜美之景—洋菓子

滋賀縣

CLUB HARIE クラブハリエ

年輪蛋糕 ➜
（バームクーヘン）
1620 日圓

　於滋賀縣起家的超人氣店家「CLUB HARIE」，是掀起日本年輪蛋糕風潮的先驅品牌，其人氣於全國百貨公司地下街火速蔓延，如今已成為可代表日本的店舖了。

　CLUB HARIE 於 1951 年開始製作洋菓子，至今已逾 60 個年頭，重視製作洋菓子的傳統，並以講究的方式烤製出引以自豪的年輪蛋糕，創造出任誰都信服的好滋味。只要詢問滋賀縣出身的日本人「家鄉有什麼值得自豪的東西」，十之八九得到的答案一定是「CLUB HARIE 的年輪蛋糕」。蛋糕師傅一層一層仔細製作的年輪蛋糕，有著濕潤卻入口即化的口感，不僅受到日本國民喜愛，在海外的觀光客間也大受好評，好滋味只要吃過一次就忘不了！蛋糕體與最外層甜度恰到好處的糖霜搭配得剛剛好，十分適合於下午茶時刻享用。

　在新形態店舖「B-studio」內，顧客可觀看蛋糕師傅切蛋糕的過程，並享受剛剛才切下的年輪蛋糕，所以總是人潮滿滿。

SHOP 販售處

東武百貨店池袋店（設有咖啡廳）、橫濱髙島屋、JR 名古屋髙島屋、阿倍野 HARUKAS 近鐵本店、博多阪急⋯⋯等。

推薦商品

⬅ 年輪蛋糕薄餅（ドライバーム）
3 包裝 1113 日圓
將年輪蛋糕切成薄片後，放入烤箱慢慢地烘烤而成。年輪蛋糕的風味豐厚，口感酥脆好入口。

店・舖・資・訊

🎎 阿倍野 HARUKAS 近鐵店

有各店舖限定的包裝箱！

📍 大阪府大阪市阿部野区阿部筋 1-1-43
🕐 依照阿倍野 HARUKAS 近鐵本店營業時間
📞 06-6624-1111
🚌 從地鐵御堂筋線・谷町線或 JR「天王寺站」步行 1 分鐘

🎎 La collina 近江八幡 main shop
（ラ コリーナ近江八幡 メインショップ）

📍 滋賀県近江八幡市北之庄町 ラ コリーナ
📞 0748-33-6666
🕐 09:00 ～ 18:00，無休
🚌 從「JR 近江八幡站」搭近江鐵道巴士「北之庄」下車步行 3 分鐘（往「長命寺」或往「長命寺經由休暇村」的巴士）
@ clubharie.jp

璀璨繽紛的甜美之景——洋菓子

DANISH HEART デニッシュハート

DANISH HEART 是日本的高人氣麵包連鎖店「ANDERSEN」（アンデルセン）旗下品牌之一的甜點店，商品櫃內陳列著愛心造型的各種丹麥甜點，可愛的造型在電視以及雜誌都成為熱門討論話題。每個 DANISH HEART 都是使用特殊心型專用模具現場製作，因此店舖不斷散發出濃郁的香甜氣味。

初次遇見 DANISH HEART 是在某天的午後，結束工作後走在回家的路上時，經過店舖時，這些散發甜甜香味又可愛的甜點吸引了我的目光，一不留神已佇立於店舖前方，並脫口而出：「不好意思，請給我一個。」

結帳後繼續朝著車站前進，卻因為袋裡的丹麥甜點看起來實在太美味了，忍不住就在路上吃了起來（在日本幾乎看不到邊走邊吃的人）──誒，究竟是為什麼，口感如此酥脆！奶油的芳香入口後在口中擴散開，實在太好吃啦！顧不得已經走離店舖一段距離，馬上奔回店舖前，一次把店裡每種口味統統買齊！而且就算是放冷了之後再吃，還是很鬆脆，所以當成伴手禮也很合適。如果在百貨公司地下街看到店內裝潢以紅色為基底，白色線條描繪愛心的招牌，千萬不要錯過喔！

← 糖霜口味 DANISH HEART
〔デニッシュハート
（シュガー）〕
1 個 141 日圓
以珍珠糖裝飾烘烤而成，外皮酥脆，裡面柔軟濕潤。

← 夏威夷果口味
DANISH HEART
〔デニッシュハート（塩マカ
ダミア）〕1 個 141 日圓
以夏威夷果裝飾，撒上鹽與黑胡椒調味烘烤而成。

推薦商品

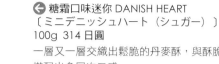

糖霜口味迷你 DANISH HEART
〔ミニデニッシュハート（シュガー）〕
100g 314 日圓
一層又一層交織出鬆脆的丹麥酥，與酥脆的珍珠糖搭配出多層次口感。

堅果口味迷你 DANISH HEART
〔ミニデニッシュハート（ナッツ）〕
100g 314 日圓
可愛的心型加上散發香氣的胡桃，口感十足。

DANISH HEART 精美禮盒
（デニッシュハートアソート）1 盒
1080 日圓
推薦給想要一次品嚐多種口味的人。

店・舖・資・訊

ANDERSEN 名鐵百貨店名古屋店

愛知県名古屋市中村区名駅 1-2-1
名鉄百貨店メンズ館 B1

052-587-5315

10:00-20:00（公休以名鐵百貨店名古屋店為準）

從 JR「名古屋站」即達

ANDERSEN 京都伊勢丹店

京都府京都市下京区烏丸通塩小路下ル東塩小路町 B1

依照 JR 京都伊勢丹營業時間

075-352-1111

從 JR、近鐵、地下鐵「京都站」即達

※ 其他店舖資訊（全日本皆有分店）

www.andersen.co.jp/dh/shop

RAGUENEAU ラグノオ

提到青森就能想到它以盛產蘋果而聞名，而 RAGUENEAU 販售的「令人在意的蘋果」（気になるリンゴ），竟然奢侈地使用一整顆青森縣產的「富士蘋果」製作而成，是能代表東北的超人氣伴手禮！

因為「想將未經過度加工的蘋果直接做成蘋果派」的想法，而開發出的長期熱銷商品「令人在意的蘋果」，是將一整顆以糖漿醃漬的富士蘋果包進派皮內，將蘋果原味完整地保留下來，嚐起來爽口且不會過甜，是極具視覺衝擊感且份量充足的蘋果派！為了保有蘋果脆脆的口感，過程中特別耗費了許多時間與精力，也因為有這些努力，截至目前為止已獲得多數獎項，在電視、雜誌發表的推薦日本伴手禮排行榜中，也經常獲得前幾名的名次，更在第 24 回全國菓子大博覽會獲得金獎殊榮！

只要詢問青森的朋友「青森有什麼推薦的伴手禮呢？」，最先成為話題的一定就是 RAGUENEAU 的商品。在 RAGUENEAU 可享用各式蘋果甜點，無論是哪個品項都十分美味！要不要一起沉浸於 RAGUENEAU 酸酸甜甜、如夢似幻的蘋果世界呢？

◀ 令人在意的蘋果
（気になるリンゴ）
1 個 700 日圓
在東京許多特產商店也能買到此項商品，請務必買來當伴手禮！

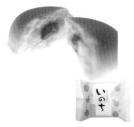

← 命（いのち）
10 個裝　1140 日圓

柔軟的蒸蛋糕包覆著黏稠的卡士達醬內餡與蘋果
醬，口感鬆軟綿密（譯注：為紀念 1986 年以弘前
為背景的 NHK 大河劇《命》而取作此名）。

↑ 甜點師傅的蘋果棒（パティシエのりんごステ
ィック）4 袋裝　620 日圓
曾獲 2013 年第 26 回全國菓子大博覽會金獎。將
青森縣生產的蘋果切成較大的蘋果塊，與海綿蛋糕
一起包進派皮內。

SHOP 販售處

日本全國特產販售店、RAGUENEAU 新青
森站大樓 青森旬味館店。

店·舖·資·訊

🎎 百石町 RAGUENEAU
SAKI（ラグノオ サキ）

📍 青森県弘前市百石町 9 番地

📞 0172-33-2122

🕐 08:00 ～ 19:00，年底年初公休

🚃 從 JR「弘前站」步行約 20 分鐘

@ www.rag-s.com

🎎 青森縣特產直銷商店 青森北
彩館（青森県アンテナショップ
あおもり北彩館）

📍 東京都千代田区富士見 2 丁目 3-11 青森県民会館 1F

📞 03-3237-8371

🕐 10:00 ～ 19:30，12 月 31 日公休

🚃 從 JR「飯田橋站」步行約 5 分鐘

岩手縣

小岩井農場 KOIWAI FARM

↑ 小岩井農場起士蛋糕 牧場牛奶
（小岩井農場チーズケーキ まきばのみるく）
4 號尺寸（12 公分）1868 日圓
迷你尺寸 410 日圓
※ 為冷凍品，食用前需先放置於冰箱冷藏室 3 ～ 4
小時解凍，開封之後請儘早享用。

　創業於 1891 年的小岩井農場，以代表岩手縣的觀光地而聞名。其品牌的乳製品及甜點，因為味道、品質、安全性都有保障，長久以來受到許多日本人的喜愛。

　小岩井農場以廣大農地內生長的牧草及玉米當飼料，用心飼育牛隻們，因此生產出來的乳製品，不管是哪一種都有著令人滿足的好滋味。所有商品當中，我最推薦的是「小岩井農場起士蛋糕 牧場牛奶」，有著優質起士及生奶油的濃厚口味起士蛋糕，是唯有這裡才能製作出來的。為了製作如此濕潤且細緻的超人氣口感，不惜耗費許多時間及心力，美味的關鍵因素就在於奶油起士──是小岩井農場為了此款蛋糕，特地製造的獨創品，剛入口味道濃厚、芳醇，後味卻清爽宜人，不論吃多少都不容易膩。

　除了原料講究，製作蛋糕的專業師傅還會根據當天的溫度與濕度，來調整材料的用量，以及加入調配的時間點，每一個步驟都非常仔細用心。品嚐這個起士蛋糕，能感受到手工製作的好滋味，不管是甜度、後味、口感，都是在在完美的絕品。

 販售處

小岩井農場牧場園內商店、岩手銀河 PLAZA、花卷機場……等。

小岩井低溫殺菌牛乳 →
200ml 210 日圓

完整保存新鮮現擠的鮮乳美味，為乳脂肪未經均一化調整的無均質牛乳。

← 小岩井農場優酪乳
（小岩井農場の
むヨーグルト）
150ml 170 日圓
500ml 500 日圓

發揮生乳原本風味的優酪乳。從準備牧草的土壤開始，以一條龍方式飼育的健康乳牛們所生產的鮮乳，在優酪乳中可完整品嚐到其豐醇風味。

🎎 小岩井農場牧場園

坐擁總面積 3000 公頃，創業至今有百餘年歷史的綜合農場。包括騎馬、搭乘馬車等，有眾多可接觸大自然的活動可供選擇。能享用農場自豪的起士蛋糕、新鮮的乳製品等，還能在餐廳品嚐由現擠鮮乳製成的冰淇淋及蛋類料理。

📍 岩手県岩手郡雫石町丸谷地 36-1
📞 019-692-4321
🕐 由於季節與天氣不同，營業時間時有調整，請詳見官網
🚌 從 JR 田澤湖線「小岩井站」約 15 分鐘車程
@ www.koiwai.co.jp

店・舖・資・訊

🎎 小岩井農場 ecute 東京店

此商店提供由小岩井農場嚴選直送的各種商品，像是以農場生產的鮮乳做為原料的優酪乳，還有以嚴選素材製成的起士蛋糕、布丁等商品。

🚌 JR 東京車站內 1 樓 South Court「ecute 東京」內
📞 03-3211-8990
🕐 以「ecute 東京」為準
※ 無販售小岩井農場起士蛋糕、牧場牛奶

璀璨繽紛的甜美之景——洋菓子

蒜山酪農農業協同組合

HIRUZEN RAKUNO FARM

↑ 蒜山澤西乳牛優格（蒜山ジャージーヨーグルト）
100ml 113 日圓

　　蒜山酪農位於日本數一數二的度假聖地岡山縣北部。物產豐富，標高 500 公尺的大草原上飼育著 2000 頭稀有品種的澤西乳牛，數量為日本第一。以當地種植、管理的牧草悉心餵養的澤西乳牛所產的生乳，做成各式乳製品，長久以來深受大家的喜愛。

　　這次要推薦的是蒜山酪農的招牌商品，暢銷長紅的「蒜山澤西乳牛優酪乳」，是喜歡乳製品的我，最有自信推薦給大家的優格。因為是以新鮮的澤西生乳直接進行殺菌、發酵所製成的天然優格，所以可以盡情享受牛乳最原本的味道。與市售的其他優格不同，一打開蓋子就能看到上方浮著一層濃厚的奶油層，實在是說不出的奢侈好滋味！入口即化的優格，帶著溫和的甜味與清爽的口感，吃進一口，就像是感受到高原上清爽的涼風迎面吹拂一般──從來沒有吃過這麼好吃的優格，一定會讓你備感驚喜！

　　無添加防腐劑、安定劑及脫脂奶粉等添加物，加上製作過程絕對遵循古法，吃起來安心又安全，而且只要 100 多日圓就能享受，可說是奇蹟的優格！這種幸福的滋味，全日本的許多百貨公司及高級超市皆有販售，不妨找找看。啊～真想一次吃下一整桶！

 販售處

日本橋髙島屋、西武池袋本店、羽田機場、名古屋松坂屋、JR 京都伊勢丹、近鐵奈良店、大丸心齋橋店、大丸神戶店、博多阪急……等（皆非常設店舖，於百貨公司內超市等食品賣場販售）。

推薦商品

⬆ 蒜山澤西乳牛優酪乳
（蒜山ジャージー飲むヨーグルト）
150ml 171日圓
保留優格原味及香濃所製成的飲品。原料採用自然的寶庫——蒜山高原產的濃醇澤西牛乳。使用乳酸菌發酵保存原本的風味，提供自然的奶香美味。

⬆ 蒜山酪農所種植的牧草富含 β-胡蘿蔔素，大量吃進這些牧草的健康乳牛所生產的生乳，因為略帶淺金色的外觀、優質的味道及品質，而被譽為「黃金牛乳」，於2013年舉辦的東京國際食品展中的「各地牛乳冠軍賽」中，「蒜山澤西高級牛乳」獲得最高榮譽的金獎殊榮。

店·舖·資·訊

 蒜山澤西乳牛牧場
（ひるぜんジャージーランド）

　　位於富有大自然景觀的高原地帶，可遠眺雄偉並列的三座蒜山（上蒜山、中蒜山、下蒜山）及放牧中澤西乳牛的悠閒模樣。也可於餐廳享用以澤西牛乳製成的哥達起士為材料的起士火鍋（チーズフォンデュ），及大量使用澤西乳牛肉製成的原創料理。

我等你喔～

📍 岡山県真庭市蒜山中福田 956-222

📞 0867-66-7011

🕐 由於季節與天氣不同，營業時間時有調整，請詳見官網

🚌 JR 姫新線「中国勝山站」出發約 50 分鐘車程，或搭「往蒜山高原」巴士 100 分鐘在「中福田」下車

@ jerseyland.hiruraku.com

PART 03

日本智慧的精粹
——和食素材＆調味料

你知道日本的和食文化已登錄為世界遺產嗎？
而和食中，調味料不只是不可或缺的存在，更
與日本的歷史與飲食文化息息相關！這裡除了
推薦和食素材與調味料，還要讓你在家就能完
美複製日本家庭料理！

千葉縣

龜甲萬 Kikkoman

⬆ 龜甲萬 新鮮生醬油（キッコーマン いつでも新鮮 しぼりたて 生しょうゆ）
450ml 建議售價 280 日圓

要說在日本和台灣家庭的廚房中都有醬油這個調味料，一點也不誇張。不過，醬油能一直保持原本購買時的風味嗎？我常因價格划算而買了大罐的醬油，然後分裝在小容器中使用。但當醬油用到最後時，總會感到疑惑：「誒？我買的醬油是這麼奇怪的味道嗎？」原來，醬油接觸空氣後會產生氧化，顏色和風味都會改變！醬油一向給人全黑的

印象，但其實新鮮的醬油帶有一點淡紅色且略微透明喔！對出生於醬油王國的我來說，一直沒有深入地思考醬油的新鮮度及品質等事項，真是有點難為情！直到遇見日本代表性醬油製造商「龜甲萬」的暢銷商品「龜甲萬新鮮生醬油」，才改變了我對這個常見調味品的看法！

近年來，新鮮生醬油的美味與便利性蔚為話題，十分受歡迎。所謂的生醬油是指尚未經過加熱處理的醬油，因為如此，醬油鹹味較醇和、甘味爽口，聞起來有溫和的香氣。正因為是沒有經過加熱的生醬油，所以料理時也能品味醬油加熱時所散發出的獨特香調。最重要的是，此款生醬油採用於日本醬油界掀起革命、擁有雙層構造的「密封保特瓶」包裝，包裝設計讓空氣不易進到瓶中，能確保開封後 90 天內的新鮮度；使用時只需倒出需要的份量，不僅在意使用者的健康，對使用者也很貼心。如此劃時代的醬油商品，是前所未有的！我很喜歡將生醬油搭配生魚片，每天都可以享受新鮮的美味喔！

 販售處

全國超市、零售店等。

遵循古法的龜甲萬

　　龜甲萬誕生於千葉縣的野田。千葉的野田與銚子的氣候，十分適合釀造醬油，且周邊平原種植大量黃豆與小麥，鹽的部分則可從江戶川的河口大量取得，成為昔日關東的醬油主要生產地。除此之外，利根川、江戶川的存在，對於運送原料及成品都十分方便，更成為此地醬油釀造業的良好條件。

⬆ **野田醬油釀造圖**
明治時代的知名演員們參觀官員們釀造醬油、壓榨、裝桶等過程。龜甲萬沿襲傳統，至今仍遵照古法釀造醬油。

⬆ 明治 10 年由三代目歌川廣重所繪製的「大日本物產圖繪」，內容描繪從江戶時代延續下來的日本各地產業及特產品。由此可知，千葉縣的野田是全日本重要的醬油產地。

⬆ 昭和 5 年時，工廠將醬油裝桶的作業景象。

何謂丸大豆、本釀造？

「丸大豆」指的是整顆黃豆的意思。大部分醬油使用的黃豆，是先將黃豆中的油脂去除，再經過加工做為原料使用。而保留黃豆油脂做成的醬油，能嚐出濃醇溫和的口味以及深厚的甘味。

「本釀造」的意思是將黃豆、小麥等原料，利用麴菌或酵母等進行長時間的發酵，熟成後製成。比起加入胺基酸液讓原料在短時間內熟成、再經化學處理分解發酵的醬油，本釀造醬油不論是色澤、味道還是香氣都十分均衡。

◄ 龜甲萬特選丸大豆醬油（キッコーマン特選丸大豆しょうゆ）750ml
建議售價 380 日圓
由黃豆美味引出甘味、濃醇、風味豐醇的精選丸大豆醬油，能帶出每道料理的美味。

 醬油的種類與等級

市面上的醬油品項非常多，你知道該如何挑選嗎？

依照美味成分的多寡及顏色的濃淡，醬油可區分為特級、上級、標準等，最近又增加比「特級」多 10% 美味成分的「特選」等級，購買時可多留意瓶身的標示。而除了等級以外，你知道濃口醬油、淡口醬油和大豆醬油有什麼差別嗎？

濃口醬油（こいくち醬油）

佔日本生產醬油總量 8 成以上，最普遍的基本醬油。除了用於沾醬、加味之外，也可用於煮物、烤物、高湯、醬料等用途上，是幾乎所有調理方式都能使用的萬用調味料。現在陸續出現像是使用整顆黃豆當成原料、有著濃醇深厚風味的醬油，以及經過認可的有機醬油等。

淡口醬油（うすくち醬油）

　由上方料理（京都、大阪的料理）發展而來，適合料理使用的醬油。淡口的意思是「顏色較淡」，而非鹽量含量較少之意（其含鹽量甚至比濃口醬油高 2%）。其特徵是在釀造過程完成前加入甜酒與麥芽糖，醬油風味較沒有那麼濃厚。適合搭配魚類及蔬菜料理，引出食材本身的美味，也可做為烏龍麵的湯頭。

大豆醬油（たまり醬油）

　大多數醬油的原料為黃豆與小麥各半，大豆醬油則幾乎完全使用黃豆。因為富含蛋白質，因此較為濃稠，風味濃厚。常使用於生魚片的沾醬上，又因加熱後會帶點美麗的淡紅色，所以也常被用在煎餅等需沾醬烘烤的食物。

關於味醂

　日本從以前開始就很喜歡使用味醂，在最早的時候是做為甜酒飲用而廣受歡迎。關於味醂的起源，有種說法是來自於從中國傳入名為「蜜淋」的甜酒；另一種說法是日本古時為了防止「練酒」、「白酒」等甜酒腐壞，在其中加入燒酒而成為味醂。

　江戶時代中期，開始將味醂使用在蕎麥麵的沾麵醬上，從明治時期後才運用在各式各樣的料理中。味醂能使料理增添光澤感，除了品嚐起來帶有較高雅溫和的甜味外，也可抑制材料的腥味、防止飯菜煮得過熟，以及帶出料理的美味等作用。味醂及醬油對日本的飲食文化來說，是兩項絕對不可或缺的調味料。

⬆ 萬上 米麴味醂（マンジョウ 米麴こだわり仕込み本みりん）450ml 建議售價 280 日圓
米的用量是製作米麴時的 2 倍，因米麴中的酵素發揮作用，更能引出米的美味。帶有高雅溫和的甜味以及濃醇的口感。

龜甲萬直接傳授！美味日式料理食譜

馬鈴薯燉肉

日本人認為最有「媽媽的味道」的料理，也是日本女孩想討心上人歡心的必備拿手菜！

材料（2 人份）	
牛肉（或豬肉）切片	100g
馬鈴薯	3 個
洋蔥	1/2 個
紅蘿蔔	1/2 條
蒟蒻絲	100g
沙拉油	2 小茶匙
高湯	1.5 杯
龜甲萬特選丸大豆醬油	2 大茶匙
萬上芳醇本味醂	3 大茶匙
砂糖	1/2 大茶匙

做法

1. 將牛肉切成一口大小，洋蔥切成月牙形，紅蘿蔔切成不規則狀，馬鈴薯切成一口大小，將水分瀝乾。蒟蒻絲燙過之後，切成易入口的大小。

2. 在鍋中倒入沙拉油後加熱，將洋蔥炒過之後，加入牛肉，之後加入紅蘿蔔、馬鈴薯、蒟蒻絲混合拌炒。

3. 加入高湯煮至沸騰，去除浮沫後加入醬油、味醂、砂糖，將鍋蓋蓋上。再沸騰後轉小火煮15～20分鐘。

做法

1. 將（A）倒入鍋中後開火，滾了之後將牛肉片散開後放入，煮到肉熟了之後取出。
2. 在鍋中放入切成一口大小的煎豆腐及洋蔥，以中火煮至變軟。
3. 將肉片、煎豆腐及洋蔥裝盛於容器中，撒上切成細末的青蔥。

🍲 牛肉壽喜燒

入味的牛肉及洋蔥、白飯非常搭！放在白飯上頭，不管是做成丼飯或淋上蛋汁做成蓋飯，都很推薦！

材料（2人份）

牛肉切片	100g
煎豆腐	1/2 塊
洋蔥（切薄片）	1/2 個
青蔥	2 根
（A）	
龜甲萬特選丸大豆醬油	50ml
萬上芳醇本味醂	100ml
酒	50ml

🍲 味噌煮鯖魚

廣為人知的下飯料理，請趁熱享用！

材料（2人份）

鯖魚（切塊）	2 塊
生薑	1/2 片
蔥	1/2 根
紅辣椒（小）	1 根
味噌	1 大茶匙
（A）煮汁	
味噌	1 大茶匙
龜甲萬特選丸大豆醬油	1 小茶匙
萬上芳醇本味醂	1 大茶匙
酒	3 大茶匙
砂糖	1/2 大茶匙
水	3/4 杯

做法

1. 將鯖魚洗乾淨後擦乾，在魚皮上畫刀，放在笊籬上後淋上熱水。
2. 將生薑切片，蔥切成 3 公分左右的小段。
3. 在平底鍋內倒入（A）所有材料，將其混合後開火，待沸騰後加入鯖魚、生薑片、蔥段和紅辣椒，再以鋁箔紙做成蓋子蓋在上方，以中火煮 7～8 分鐘，並隨時將煮汁淋在鯖魚上。將味噌溶入煮汁之後，再煮 7～8 分鐘。

京都府

本田味噌本店 HONDA MISO

西京白味噌
每包 500g 裝
648 日圓

色白細膩的高雅味噌，使用的高級米麴分量是大豆的 2 倍，麴的醇和甜味有著令人安心的味道。推薦用於與醋味噌混合、田樂料理、洗米水煮蘿蔔（風呂吹き大根）上。請務必品嚐擁有 200 年歷史，為京都飲食文化之一的西京味噌滋味。

SHOP 販售處

京都高島屋、JR 京都伊勢丹、大丸京都店。

說到日本人的飲食文化，就不能忘記味噌的存在。日本有各式各樣的味噌，受地域氣候、風土影響、熟成時間而有不同味道、顏色和風味。除此之外，還可依照原料區分為米味噌、豆味噌等，由此可知，味噌的世界真的非常深奧。

代表京都味噌的專賣店——本田味噌本店，是製作懷石料理等會使用的西京味噌之始祖老店。本田味噌本店位於京都御所附近，是擁有 200 年悠久歷史的名店。第一代老闆丹波屋茂助因為製作麴而受到賞識，因此進獻製作料理用的味噌供皇室使用，往後只要有值得慶祝的儀式，就會使用此味噌。西京味噌更與京都華美文化中的皇室、公家的有職料理、茶會的懷石料理、禪宗的精進料理等融合的「京料理」一同發展。

明治維新後，味噌也成為一般可販售的商品而廣為流傳，當時將江戶稱作「東京」，而京都則為「西京」，因此此味噌被稱為「西京味噌」，廣受大眾喜愛。本田味噌本店內，展示著當時能進入御所的通行許可證等物品，到京都旅行時，請務必到這裡來感受歷史的魅力。

⬆ 柚味噌（柚みそ）120g 324 日圓
以西京味噌為基底，將柚子的風味煮進西京味噌
中。可用於洗米水煮蘿蔔、湯豆腐、冷豆腐等料理
上。柚子的香氣讓人食指大動，是吃過一次便永生
難忘的絕品。

⬆ 能進出禁裏御所（現在的京都御所）的通行許
可證，有著皇室象徵的菊紋火鉢。

⬆ 紅麴味噌（紅こうじ味噌）
每包 500g 972 日圓
深厚濃醇的味道為其特徵。推薦可使用於大量放入
當季蔬菜的味噌湯。

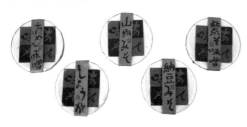

⬆ 味噌醬（あて味そ）吻仔魚味噌（ちりめん味
噌）、山椒味噌（山椒みそ）、紫蘇味噌（紫そ味
噌）、生薑（しょうが）、納豆味噌（納豆みそ）
各 540 日圓
以西京白味噌等數種味噌為基底，製成適合配飯及
當成下酒菜的絕品。每一項商品都是以手工製作。

🎎 本田味噌本店

📍 京都市上京都区室町通一条 558

📞 075-441-1131

🕐 10:00 ～ 18:00，週日公休

🚊 從市營地鐵烏丸線「今出川站」步行 6 分鐘

@ www.honda-miso.co.jp

本田味噌本店直接傳授！
以西京白味噌製作的料理食譜

🍲 西京白味噌湯圓

材料（2人份）

白玉粉	40g
地瓜	50g
水	適量
南瓜	1/16 個
紅蘿蔔	1/8 根
牛蒡	1/8 根
生香菇	2 朵
烤穴子魚	1/2 條
青蔥	1/4 根
西京白味噌	50g
高湯	400ml

做法

1. 將地瓜削皮後切成 1 公分左右的大小，蒸軟之後趁熱過篩。
2. 在料理盆中放入白玉粉，與蒸熟過篩的地瓜混合揉成麵糰，可視情況添加水分。等麵糰與耳垂的硬度差不多時搓成棒狀，約切成 1.5 公分左右的小段並搓成圓形，再將中央輕輕壓凹。
3. 用鍋子將水燒開，將做好的湯圓放入水中，煮好後撈出。
4. 將南瓜、紅蘿蔔切成銀杏狀，青蔥切成蔥末。牛蒡刨絲後浸泡於醋水中防止氧化，再以清水沖洗。
5. 生香菇切除根部後，切成一口大小。
6. 烤穴子魚切成 2 公分左右的寬度。
7. 在鍋子中倒入高湯，放入南瓜、紅蘿蔔、牛蒡、生香菇後開火。
8. 蔬菜煮好之後，加入西京白味噌，再加入烤穴子魚與湯圓燉煮。
9. 煮好後裝入小碗，以青蔥末裝飾。

練味噌

材料（2 人份）

西京白味噌 500g
味醂 300cc
蛋黃 ....2 個

做法

1. 將所有材料放入較大的鍋子中均勻混合，以小火熬煮。
2. 邊熬煮邊攪拌約 15 分鐘，待變成原本白味噌的硬度後，將火關閉讓味噌冷卻。
3. 裝入容器後放入冰箱內，靜置 2 週左右。可搭配煮蘿蔔（P.94）、烤茄子、豆腐享用。

西京白味噌酪梨沙拉醬

材料（2 人份）

西京白味噌 80g
酪梨 ....1 個
豆腐 60g
薄鹽醬油 .... 1/2 大茶匙
檸檬 .... 適量

做法

1. 將酪梨削皮去籽後過篩。
2. 將豆腐過篩。
3. 將所有材料混合在一起，根據喜好加上檸檬汁。

万久味噌店 MANKYU MISOTEN

　味噌的老字號「万久味噌」，自從 200 年前於淺草寺內壽德院門前創業以來，就被暱稱為「味噌的万久」，為長年來備受喜愛的店舖。一踏入店內，彷彿穿越時光回到江戶時代一般，味噌的芳醇香氣繚繞不散。

　店內販售從日本各地選購的特選味噌，以及將這些特選味噌混合而成的混合味噌，請務必品嚐看看這些以傳統與經驗孕育出的講究之味。另外，與一般包裝販售不同，店內味噌是以秤分量出售，可品嚐最新鮮的活麴菌味噌滋味。

　我推薦的商品是「万久特選甘口糀」。溫和的口感輕輕散發出麴的風味，與白蘿蔔、紅蘿蔔等根莖類蔬菜煮成豚汁，別有一番特殊風味。另一個要推薦的是「江戶甘味噌」，是僅在部分關東地區才會製作的貴重味噌。在江戶時代，出身於三河（現在的愛知縣東部）的德川家康，將當地的八丁味噌口味帶到江戶地區，而江戶地區的人們將八丁味噌的味道搭配西京

味噌的甜味，做成兼具雙方優點的味噌，據說就是江戶甘味噌的起源。在製作煮物、煮魚等料理時，於最後加上一茶匙江戶甘味噌，就能讓整道料理味道更加豐醇。

万久味噌守護著和食文化中不可或缺的「味噌」歷史，前往淺草寺參拜時別忘了順道來看看。店內也有販售加入味噌或麴菌所製的冰淇淋，以及可當成簡單伴手禮的味噌口味花林糖。

店·舖·資·訊

万久味噌店

📍 東京都台東区花川戶 2-8-2

📞 03-3841-7116

🕘 09:00 ～ 18:00，週日、假日公休

🚃 東京 Metro 地鐵銀座線，東武伊勢崎線「淺草站」步行 5 分鐘

@ foodpia.geocities.jp/man9miso

※味噌購入後請務必放入冰箱保存，開封後請儘量避免與空氣接觸。若放置於太熱的地方，味噌會因溫度影響而較容易產生褐變（顏色變得較深），香氣與味道也會變得較差。

深奧的味噌世界

資料提供／全國味噌工業協同組合聯合會、味噌健康製作委員會

　　味噌對日本人來說是不可或缺的存在，近年來因為和食風潮，有愈來愈多地方開始注意味噌的健康效果。讓我們一起窺探深奧的味噌世界！

🌸 味噌的歷史

　　味噌起源於古代中國的醬類及豉類，這些食品流傳到日本後，經過改良再加上獨創的製作方法，漸漸演變成今日大家所知的味噌。據說在鎌倉時代，武士們每天的菜單是5合糙米（譯註：1合＝180mL＝150g）、味噌湯加上魚乾等配菜，雖然看起來只是普通的粗食，但其實糙米提供一天所需熱量，魚乾等配菜提供了鈣質及蛋白質，味噌則可補充其餘營養素，非常符合健康理論。這種飲食方式成為日本人日後的飲食基礎，延續至明治時期、大正時期。根據估計，日本每個人一年食用的味噌量高達1.8公升。

　　從室町時代開始，味噌逐漸演變成像現在的形態，當時的味噌湯仍能看到黃豆的殘留顆粒。到了鎌倉時代，人們開始磨碎味噌顆粒，相關菜單也逐漸增加，據說至今流傳的味噌料理大多是在此時被開發出來的。

🌸 味噌的健康效果

江戶時代流傳著這樣一句諺語：「與其付錢給醫生，不如拿來買味噌。」由此可知，當時味噌的健康效果就廣為人知。即使遇上饑荒，糧食短缺，人們還是相信只要有味噌，就能度過饑荒時期、守護家人健康，因此農家仍會持續製作味噌。而實際上，當時治領各國的「大名」們，的確也獎勵大家多製作味噌。在平均壽命只有 37、38 歲的當時，享壽 73 歲的德川家康每天都會喝「加入五菜三根（五種葉菜、三種根莖類）的味噌湯」來維持健康。

而目前的研究指出，味噌可降低中風、癡呆症、心臟疾病的發病機率及罹癌風險，還能預防骨質疏鬆、改善糖尿病、防止老化以及美白效果。

🌸 味噌的保存方法

保存味噌的最佳方式就是放進冷凍庫中，因為味噌並不會結凍，所以只要一拿出冷凍庫就可以馬上使用。開封之後，也請記得儘量不要讓味噌與空氣有過多接觸。

照片提供／本田味噌本店

挑選你喜歡的味噌風味

資料提供／全國味噌工業協同組合聯合會、味噌健康製作委員會

味噌主要是以黃豆為原料，再混入鹽與麴菌發酵製成。根據區域不同，加上各地特色與氣候影響，有赤味噌、白味噌、混合味噌等，種類十分豐富。

另外，依照不同比例、發酵及熟成過程，風味也各有不同。像是使用的鹽巴較多、熟成時間較長的鹹味噌，味道濃厚，有著發酵熟成後的特有芳香；使用麴菌量較多的甜味噌，富有甜味，有麴菌特有的香氣；麥味噌亦有其特有的麥香等味道；若是習慣豆味噌的味道，就能品嚐出其特有的高雅澀味及濃厚。不妨從種類豐富的各式味噌當中，挑選出自己喜歡的味噌吧。

 米味噌

以大豆及米麴發酵、熟成後製成。約佔日本味噌總產量 8 成，自北海道到本州、四國等區域皆有生產，有著各式顏色及風味。

信州味噌（長野縣）

約佔日本味噌產量 40% 以上，為淡色鹹味噌的代表，具有清爽口味及清新香氣。

仙台味噌（宮城縣）

鹹口味的紅味噌，味道濃厚，特徵是經過長時間熟成而產生的芳香，適合用於蛤蜊湯、蜆湯、豬肉湯等料理。

西京味噌（京都府）

熟成時間較短，帶有甜味及高雅香氣。常使用於製作醋味噌，使用西京味噌醃漬魚肉及肉類的西京漬也十分出名。

江戶甘味噌（東京都）

　甜口味紅味噌。帶有蒸過黃豆所發出的濃厚香氣，以及與麴菌甜味調和的獨特濃厚甜味。

越後味噌（新潟縣）

　鹹口味紅味噌。使用經過碾米加工的圓米為原料，特徵為留有米粒的形狀，鹽分濃度較高，味道十分濃厚。

✿ 麥味噌

　由黃豆加上麥麴菌發酵、熟成後製成，主要生產於九州地區，又被稱作田舍味噌。

薩摩味噌（鹿兒島縣）

　為甜口味且顏色較淡，特徵是留有小麥的顆粒。

瀨戶內麥味噌（愛媛、山口、廣島縣）

　富有小麥獨特香氣，帶有清爽的甜味。

✿ 豆味噌

　由黃豆發酵、熟成後製成，主要生產於東海地區。

八丁味噌（愛知縣）

　有著濃厚的味道及高雅的澀味，略帶苦味，常被用來製作懷石料理。

　除此之外，也有將各種味噌混合製成的「混合味噌」，種類十分豐富。

日本智慧的精粹——和食素材＆調味料

東京都

淺草 MUGITORO

浅草むぎとろ

 淺草 MUGITORO　茶蕎麥麵（乾麵附沾麵醬）
5 袋裝　2268 日圓 1 袋　432 日圓

 SHOP 販售處

日本橋髙島屋（販售於「味百選」，無盒裝）。

店·舖·資·訊

本店

　　山藥有整腸及滋養的功用，在日本常見的傳統吃法，是直接將生山藥磨成「山藥泥」享用，你試過嗎？

　　淺草的老字號「淺草 MUGITORO」，就是以「山藥泥麥飯」聞名的山藥泥懷石料理名店，以使用當季特有食材的健康懷石料理，與使用山藥泥製成的各式伴手禮，成為大家討論的話題。我推薦「茶蕎麥麵」，抹茶的香氣與 Q 彈有咬勁的麵條，配上生山藥泥，是全日本蕎麥麵迷念念不忘的獨創好滋味，不論是香氣還是滑溜好入喉的口感，都讓人一碗一碗吃到停不下來。因為附上了沾麵醬，就算在家中也能享受跟在日本老字號店舖中一樣的好滋味喔！

　　可邊眺望隅田川川流及駒形堂，邊享用山藥懷石料理，以及將漢方食材製成類似山藥泥麥飯的藥膳料理等季節料理。平日的午餐時段，只花 1000 日圓就可以享用山藥泥麥飯吃到飽！

📍 東京都台東區雷門 2-2-4

📞 03-3842-1066

🕐 11:00 ～ 21:00（last order），無公休

🚃 從地鐵淺草線「淺草站」步行 1 分鐘

@ www.mugitoro.co.jp

久原本家 茅乃舍 KAYANOYA

← 茅乃舍高湯
（茅乃舍だし）
8g X 30 袋
1944 日圓

想要做出美味的日式料理，有項不可或缺的材料，就是「高湯」。一般來說，日式高湯的食材雖然不出柴魚、昆布、小魚乾、烤魚下巴、脂眼鯡等，但要光靠一己之力做出理想中的高湯，要花費非常多的時間及心力。隨著時代轉變，高湯粉及袋裝高湯也愈來愈常被使用了──不過，越是方便的食品添加物越多，但本店設於九州福岡縣的「久原本家 茅乃舍」可不一樣！會知道這間店，是一個日本主婦朋友告訴我的，當學生時代

完全不會做菜的她竟然說出：「用茅乃舍的高湯煮出來的料理，真的變得比較好吃！」我想，一定是為了心愛的另一半每天拼命地學習吧！

店舖內以不需花時間及工夫，就能引出食材真正美味的「茅乃舍高湯」為首，各式各樣不添加化學成分、防腐劑的調味料一字排開。茅乃舍高湯只使用嚴選食材，讓每項食材發揮最大的美味，加入水中沸騰後只需煮1～2分鐘左右，就能得到高級料理店口味的高湯。由於原料中加入高級柴魚，香氣十分高雅濃郁，可廣泛使用於各種湯類、煮物等，讓家中的和式料理連升好幾個等級唷！雖然價格比一般高湯高上一些，但品質優良，可以製作出大量高品質高湯，剩下的原料部分，也可以與醬油混合後拌上蔬菜，當成小菜。

SHOP 販售處

大丸札幌店、大丸京都店、大丸神戶店、松坂屋名古屋店、東京 Midtown、橫濱高島屋、博多 DEITOS、博多 Riverain 等。

→ 小魚高湯
（煮干しだし）
8g X 30 袋 1944 日圓

將日本家庭料理中經常使用的小魚乾等，製成方便使用的粉末，與家常菜及味噌湯非常搭，有著小魚乾特有的甘醇與美味。

← 茅乃舍醬汁（茅乃舍つゆ）
200ml 540 日圓

將日式料理的基礎——高湯、醬油、味醂——以恰到好處的比例調製而成。可稀釋後當作沾麵露使用，用途廣泛。

和風漬物醬汁 →
（和風ピクルスの素）
300ml 756 日圓

可將小黃瓜、白蘿蔔、紅蘿蔔等簡單地作成和風醋物。

↑ 蔬菜高湯（野菜だし）
8g X 24 袋 1944 日圓

使用了富有甜味的美味洋蔥等五種蔬菜的蔬菜高湯，能讓味道變得更香醇。適合加入想品嚐蔬菜美味的料理使用，與湯類、義大利麵、咖哩等也很合。

← 煎酒（煎り酒）
150ml 540 日圓

從江戶時代流傳至今的調味料，「煎酒」於今再度受到矚目。在加熱後的日本酒中放入梅醋、柴魚、昆布高湯等材料熬煮，帶有淡淡酸味，味道非常好。可代替醬油搭配生魚片、燒賣、餃子等，用途多元。

🎎 久原本家 總本店

📍 福岡県糟屋郡久山町大字久原 2527 番地

📞 092-976-3408

🕙 10:00 ～ 18:00，1 月 1 日、2 日公休

🚗 從福岡機場搭計程車約 20 分鐘

@ www.kayanoya.com

🎎 久原本家 茅乃舍 日本橋店

📍 東京都中央区日本橋室町 1 丁目 5 番 5 号コレド室町 3 1 階

📞 03-6262-3170

🕙 10:00 ～ 21:00，公休依照 COREDO 室町 3

🚗 從東京 Metro 半蔵門線或銀座線「三越前站」直達

茅乃舍直接傳授！
——使用高湯的正統日式料理食譜

高湯的製作方法

基礎高湯

用於味噌湯、湯料理、茶碗蒸、烏龍麵、蕎麥麵等。
高湯 1 袋兌水 400ml。先放入水，待沸騰之後再熬煮 1～2 分鐘後即完成。

濃高湯

用於煮物、麵線及蕎麥麵等沾麵露。
高湯 2 袋兌水 500ml。先放入水，待沸騰之後再熬煮 1～2 分鐘後即完成。

高湯煎蛋捲

　煮出像高級料理店般的豐醇風味！依照各人喜好可加入吻仔魚或青菜享用。

材料（1 人份）

蛋 ....4 個
濃高湯 ....4 大茶匙
淡口醬油 ....1 小茶匙
味醂 ....1 小茶匙
油 ....些許

做法

1. 將蛋打入盆中打散。
2. 加入濃高湯、淡口醬油、味醂，攪拌均勻後過篩。
3. 在加熱後的平底鍋淋上一層薄薄的沙拉油，將蛋汁 1～2 杯左右緩緩倒入平底鍋中，以中火煎。待一半左右的蛋汁凝固後，由裡側向外捲。將捲好的蛋捲移至裡側後再將相同分量的蛋汁緩緩倒入平底鍋中，重複前述動作。最後轉成小火，邊捲起蛋皮邊調整蛋捲的形狀即成。

🍲 炊飯

做法

1. 將整袋高湯粉倒入料理盆中，再倒入水、酒、醬油後攪拌均勻。
2. 放進泡水後去掉根部的香菇、分成小朵的鴻禧菇、舞茸、切成大塊的炸豆皮，靜置 10 分鐘。
3. 將上述材料與米一起放入電子鍋中煮熟。

🍲 茶碗蒸

雖然帶給人不容易料理成功的印象，但其實只要有基礎高湯，就能簡單完成！

做法

1. 將蛋打入料理盆中打散，加入基礎高湯、淡口醬油，均勻混合後過篩。
2. 於容器內放入蝦子、銀杏後，緩緩倒入步驟 1。
3. 將容器放入已有蒸氣的蒸鍋中，只有最開始的時候用強火，之後小火，可避免產生蜂巢狀凹洞，蒸 10 分鐘左右即可。
4. 為了配色比較好看，可以在茶碗蒸上撒上茼蒿（照片中使用的是日本特有的「水芹菜」）。

日本智慧的精粹——和食素材＆調味料

🍲 煮蘿蔔（大根の煮物）

將白蘿蔔削皮之後，直接放入鍋中燉煮，享受食材的濃醇美味。

材料

白蘿蔔.. 1/2 條
基礎高湯 400ml

做法

1. 將白蘿蔔削皮，切成稍厚的圓柱狀，再用基礎高湯燉煮。
2. 為防止高湯煮乾，需時時注意添加水，邊煮邊以筷子插插看白蘿蔔是否已煮軟，待軟後即成。

店·舖·資·訊

🎎 久原本家 茅乃舍「汁や」

茅乃舍旗下的和風料理餐廳，只花 1000 日圓左右，就能夠享受安心安全健康的日式湯品和飯糰！使用無添加化學調味料及防腐劑的茅乃舍高湯，想要知道正統日本高湯的味道的話一定要前往！也有季節限定料理。

📍 東京都港區赤坂 9-7-4　東京 Midtown GALLERIA B1F
📞 03-3479-0880
🕐 11:00 ～ 21:00（last oder. 20:30），公休依照東京 Midtown
🚌 從都營大江戶線「六本木站」8 號出口直達

加用物産 KAYOU BUSSAN

　「佃煮川海苔」（川のり佃煮）是能代表四萬十（位於高知縣西南部）的人氣商品，銷售至今已逾 25 個年頭，仍然熱銷。由對川海苔無所不知的專家精心挑選、栽培於四萬十川河口養殖地清澈純淨河川中的石蓴海苔為主要原料，以黃金比例混合、不做多餘加工，加上獨創的製作方法，完整保留原料口感、風味的方式，製作出無法仿製的美味。

　加用物產生產的佃煮海苔，沒有添加一般製作佃煮海苔會添加的色素、化學調味料及防腐劑等，完全保存海苔的原味。第一次嚐到時，就有著滿滿的驚訝及感動，真的從來沒有吃過如此美味的佃煮海苔！放入口中的瞬間，海苔的高級香氣濃郁地滿溢口中，跟普通超市販售的佃煮海苔完全不一樣！

在日本，有許多像我一樣著迷於加用物產佃煮川海苔的人，只要嘗試過一次，就沒辦法再吃別的佃煮海苔了。嚐第一口，彷彿四萬十川的優美風景浮現眼前；第二口，完全能感受到川海苔製作者的努力及對產品的愛情……加用物產的佃煮川海苔，就是這樣的絕品！

（譯注：佃煮是指以砂糖及醬油烹煮食材，味道甜中帶鹹且較濃稠。食材多以海產類為主。）

◀ 清流四萬十川
川海苔 佃煮
150g（醬油風味）
594 日圓

◀ 清流四萬十川
川海苔 佃煮 140g
（添加青紫蘇果實顆粒）
594 日圓

於四萬十川的石蓴海苔中，加入口感彈牙爽脆的紫蘇果實，每一個步驟都仔細地製作而成。川海苔帶有深度的香味，與紫蘇果實的口感及清爽滋味，搭配得恰到好處！

◀ 四萬十川的青海苔
粉 6g 345 日圓
（販售量依當季採收量
而有所不同）

◀ 清流四萬十川的石蓴
海苔 16g 486 日圓

冬天從四萬十川中所採取的天然青海苔（高級品種筋青海苔），用清流水洗淨之後，為保留海苔完整原味，日曬後磨成細粉。聞過之後一定會感到訝異：「青海苔竟然那麼香！」就算直接撒在白飯上吃，也很美味。與大阪燒、章魚燒、納豆、冷豆腐、炸天婦羅等都很搭。

僅生長於海水與河川交匯處的汽水水域（譯注：意指鹽度介於淡水與海水之間的水域）的海苔，具顏色鮮艷、口感纖細、帶有香氣等特徵。烹煮前請先浸泡於水中 2、3 分鐘，待膨脹後再稍微以清水洗淨，將水瀝乾即可使用。可用於料理味噌湯、清湯、蕎麥麵、烏龍麵、白粥、醋拌涼菜等。

 販售處

高知縣內的公路休息站、名產店、高知機場、高松機場、松山機場的商店、日本全國高級超市、日本全國百貨公司、Marugoto 高知……等（每家店舖販售商品各有不同）。
URL：www.aonori.com

❋ 四萬十川的青海苔

　　提到能代表清流──四萬十川的特產品，就會想到「天然青海苔」。在冷冽西北風襲來的冬季，漁夫們耐著酷寒，將下半身浸泡於寒冷的川水中，手持類似熊手（譯注：耙子）的道具撈著河川底部，採取野生的青海苔。於河川沿岸曝曬採取到的青海苔，以陽光曝曬來乾燥青海苔的景象，從古至今一直是四萬十冬季的特有風情。

↑ 曬乾青海苔原藻的景象。

↑ 石蓴海苔魚場。

← 四萬十川流經高知縣西部，代表日本的清流，流域面積第 2 廣，僅次於吉野川。有「日本最後的清流」之稱。

YAMATSU TSUJITA やまつ辻田

⬆ 古時販售七味粉的方式,是將每樣材料放在個別的容器中,一邊詢問顧客的喜好一邊調製出專屬的七味粉。因為說明各項材料的台詞十分有趣,所以也成為當時街頭表演藝術的一種。

　　我曾在某個老字號百貨公司舉辦的日本特選美食物產展中,發現明明時間就要開始了,但有間店就連店舖前的暖簾都還沒掛上。正以為員工是不是睡過頭時,身旁的兼職阿姨就說:「那是販售七味辣椒粉的名店,全國各地都爭相想販售它們的商品,所以這次物產展業主拜託它們,7 天的展期中只販售 4 天也沒有關係,這樣千拜託萬拜託,它們才來的呢。」竟然有這樣的店舖!而且聽說為了要買這間店舖販售的七味辣椒粉,竟然得排上 3 個小時!

　　終於等到他們開始販售的那天,果然是人山人海!店內所販售的七味粉,是由留著鬍子的店長在大容器中當場調配,山椒、辣椒、青海苔混合出難以言喻的香氣……原來,七味辣椒粉的原料有其不同的產季,依照季節有不同的調配方式。而且店家會親自到每種原料的產地探訪,調配中更讓每種材料的美味發揮到最大化,YAMATSU TSUJITA 的特級七味粉,就是如此濃縮了製作者及原料生產者製作堅持的絕品!

　　搭配七味粉,會讓料理更加美味,不論是辣度還是風味都能調配得恰到好處,請務必嘗試看看這像是被施了魔法的芬芳七味粉。

SHOP 販售處

日本橋高島屋、新宿高島屋、橫濱高島屋、JR 名古屋高島屋、大阪高島屋、阪急梅田本店、大丸心齋橋店、SOGO 神戶店、博多阪急……等，皆販售於特產區或超市。
URL：www.yamatsu-tsujita.com

推薦商品

◀ 柚七味粉 324 日圓
加入從種子開始栽種，經過十餘年歲月後結成的實生柚子，取柚皮乾燥後以石臼磨製而成的柚子粉，以及日本國產辣椒、山椒、高知青海苔粉、黃金芝麻，以獨特比例調配而成，是帶有濃郁柚子香氣的絕品。

◀ 來自西高野街道（極上七味西高野街道から）324 日圓
加入現今幾乎很難入手的日本產辣椒，以及朝倉粉山椒、丹波黑芝麻、實生柚子、特級高知青海苔粉、有機芝麻等，再加上創業 110 年來的獨門祕方調和而成，帶有頂級香氣的七味粉。

▶ 朝倉 山椒粉 324 日圓
挑選國產山椒中，顏色、辣味、香味都特別出色的品種，以創業延續至今的石臼製法製成的特級山椒粉。建議搭配烤雞肉串、鰻魚、炸雞塊等一起享用。

✿ 七味粉，古早智慧的結晶

　　日本從以前就有醫食同源的觀念，會利用各種辛香料、蔥、生薑、辣椒等食材，來促進食慾，或醫治感冒、幫助消化等。而其中，能搭配料理、引出食物美味、並增進食慾的食材，被稱作「藥味」。據說當時有「能不能將中藥當成食材來利用呢？」的想法，這便是七味粉的發想起源。

　　七味粉可說是集結日本人智慧的調味料。辣椒能讓血液循環順暢、保持身體溫暖；山椒可提升腸胃機能、促進食慾；芝麻的營養價值很高，且可防止老化；柚子富含維他命C，可預防感冒；青海苔含有豐富的維他命及礦物質。七味粉剛被開發出來時，江戶地區有吃蕎麥麵的習慣，因為蕎麥麵容易使體溫降低，而七味粉讓血液循環變好，適合搭配享用，瞬間大受歡迎。

日本智慧的精粹——和食素材＆調味料

099

銀嶺

ぎんれい GINREI

⬆ 「銀嶺」（ぎんれい）白樺 40g 540 日圓

　廣受歡迎的下飯商品——霜降椎茸「銀嶺」白樺，是將風味醇厚的原木栽種日本國產香菇以文火慢慢燉煮，長時間熟成，以講究的方式製成的絕品。濕潤柔軟的口感，加上濃縮的香菇風味，是帶有後韻的深厚之味。愈是咀嚼，愈能感受到香菇的美味在口中擴散開來，推薦最適合搭配白飯一起享用！

　在美食指南中，經常看到「只要吃過一次就永生難忘」的字句，拿來形容「銀嶺」白樺，是最適合也不過的！我記得，第一次品嚐白樺，是多年前住在大阪的親戚送來的，那時只是在口中放入一小塊碎片，好滋味卻立即在口中擴散開來！我永遠忘不掉當時吃到「銀嶺」白樺那瞬間的感覺。至今只要看到銀嶺白樺的圖片，我的口中就會不自覺地分泌出唾液，這才算是真正的「永生難忘的味道」嘛。如果可以的話，真想將白樺塞滿整個行李箱帶回家啊！

 販售處

阪急梅田本店。
URL：www.hankyu-foods.co.jp

推薦
商品

⬇「銀嶺」銀雪 38g 540 日圓

將一口大小的國產香菇以文火慢慢燉煮長時間熟成。雖然一片很小，卻可享受一顆香菇分量的風味跟口感，最適合搭配茶或酒一起享用。

⬇「銀嶺」黃豆粉黑豆
（きなこ黑豆）
70g 540 日圓

以黃豆粉包覆日本產黑豆製成的商品。帶有黃豆香味的特殊口味，甜味樸實溫和，讓人忍不住一口接一口。

日本智慧的精粹——和食素材＆調味料

101

紀州 石神 精選鹽味梅（粒選り梅）
單獨包裝 5 粒裝 1350 日圓（※ 阪急限定商品）
將味道醇和的淡鹽味梅子，一粒粒個別分裝而成，
十分適合做為伴手禮（鹽份約 8％）。

　　於販售「銀嶺」商品的阪急梅田本店的同
一樓層，也有專門販售精選梅干的賣場「梅
味噌庵」，在這邊可以找到你喜歡的各種梅
干喔。梅干也是日本代表性的配飯食品，有
增進食慾、恢復疲勞等效果的梅干，其健康
效果也成為討論的話題，一直都是日本人餐
桌上不可或缺的存在。我的奶奶在下田工作
的空檔，一定會吃梅干來補充體力。有些人
會為了預防暈車而吃梅干，也有些人會在便
當中放入梅干，以期達到預防中暑及殺菌等
效果。可能有人因為太鹹而不太喜歡梅干，
在此我想推薦蜂蜜口味，請品嚐看看！

紀州 印南之里梅園（いなみの里梅園）

廣受歡迎的人氣角色 Hello Kitty 被做成梅干登場！連小朋友都很好入口的蜂蜜口味，是帶有甜味的梅干（使用日本產蜂蜜，鹽份約 8%）。

⬆ Hello Kitty 紀州南高梅蜂蜜口味
盒裝 20g 324 日圓

 SHOP 販售處

阪急梅田本店（商品內容可能會更改）。

⬆ Hello Kitty
紀州南高梅蜂蜜口味
便當盒裝 120g
1080 日圓

PART 04

夢幻逸品伴手禮，
即使排隊也要搶！

即使大排長龍，也要堅持到最後一刻！讓人心心念念、美味無比的極品伴手禮，其實在百貨公司就買得到！

群馬縣

GATEAU FESTA HARADA

⬆ 法國麵包脆餅
（クーデ・デ・ロワ）
13 包裝　972 日圓

⬆ 白巧克力法國麵包
脆餅（クーデ・デ・ロワ
ホワイトチョコレート）
10 片裝　756 日圓
※ 冬季限定

　　GATEAU FESTA HARADA 是經常大排長龍的法國麵包脆餅（rusk）等超人氣西式點心專賣店。香氣十足的法國麵包搭配上高級奶油，酥脆可口的法國麵包脆餅擄獲了主婦、OL、年長者等眾多顧客的心。當我還在當銷售人員的時候，幾乎每天都會聽到客人「口感酥脆非常好入口」、「是收過最令人開心的伴手禮」、「也可以當成正餐食用，真是太好了！」等稱讚。散步在日本的街道上，還滿常看到手拿這個法國國旗紙袋的人呢！冬季限定的白巧克力口味，也受到眾多顧客的喜愛喔。

 ## 販售處

新本館 CHATEAU DU BONHEUR、松屋銀座、京王百貨店新宿店、東武百貨店池袋店、大丸京都店、大丸札幌店、松坂屋上野店、松坂屋名古屋店、阿倍野 HARUKAS 近鐵本店、大丸京都店、博多阪急等。
URL：www.gateaufesta-harada.com

東京都

日本橋錦豐琳

將乾燥後的牛蒡加入麵糰，製作成略帶麻辣的金平牛蒡風味花林糖，吃起來喀吱喀吱作響的美味口感，讓人忍不住一口接一口。日本橋錦豐琳對素材、製法、品質等都有自己的堅持，將每項素材發揮天然美味，用心地製成點心。除了金平牛蒡口味之外，也販售其他口味花林糖及米果類商品，是購買日式伴手禮的最佳商店。

⬆ 金平牛蒡口味
（きんぴらごぼう）
340 日圓

⬆ 紫芋口味
（むらさきいも）
340 日圓

SHOP 販售處

東京晴空街道、GRANSTA（東京站），IKSPIARI、LUMINE 北千住……等（不同店舖販售商品各有不同）。
URL：www.nishikihorin.com

兵庫縣

KIT KAT Chocolatory

⬅ KitKat Sublime Raspberry
324 日圓

KitKat Sublime ➡
White 324 日圓

由「LE PATISSIER TAKAGI」當家甜點師傅高木康政先生監修，世界首家「雀巢 KitKat」甜點專賣店。因為販售特殊點子的「KitKat」商品而受到矚目，開店 1 年 3 個月內已創下 60 萬人次的佳績。在店內可看到許多特別且高級的「KitKat」商品，像是使用含 66% 可可成分的調溫苦巧克力的「Sublime Bitter」等。

SHOP 販售處

大丸東京店、大丸札幌店、西武池袋本店、松坂屋名古屋店、大丸梅田店、大丸京都店（每種口味每店每日限量 300 個）。
URL：nestle.jp/brand/kit/chocolatory

夢幻逸品伴手禮，即使排隊也要搶！

CAFE OHZAN

Decoration Rusk
（デコレーションラス
ク）各 432 日圓

⬆️ 🔜

⬇️ 銀座三越店

首創將可頌麵包做成脆餅，就是來自秋田的甜點店「CAFE OHZAN」。當日本掀起一股「Rusk」風潮時，CAFE OHZAN 製作出的可頌麵包脆餅造型十分可愛，因此成為話題，開設於銀座的店面總是大排長龍。

以常規商品的糖霜口味為首，有焦糖、起士、黑胡椒等口味，以及覆滿濃厚巧克力，再加上堅果仁、冷凍乾燥的草莓乾等裝飾而成的「Decoration Rusk」等商品，不論外形還是口味都十分講究。酥脆可口的口感，讓人一吃就停不下來。

⬆️ 可頌麵包脆餅 糖霜口味〔フレーバーラスク（シュガー）〕270 日圓

 **販售處**

銀座三越、伊勢丹新宿店（僅售套組）。
URL：www.cafe-ohzan.com

551 蓬萊

⬆ 豬肉包（豚まん） 4 個裝 680 日圓

⬆ 燒賣（焼売） 6 個裝 390 日圓

⬆ 蝦仁燒賣（エビ焼売） 12 個裝 600 日圓

關西地區的超人氣名店，創業至今仍堅持在店鋪以手工細心製作每項商品，招牌豬肉包據說每天可售出 15 萬個之多。初次知道這個商品，是在東京百貨公司舉辦的美食物產展，剛開店時就看到眾多顧客直奔 551 蓬萊櫃位，直到關店時仍大排長龍。提到關西的伴手禮，一定會想到 551 蓬萊，可說是關西的平民美食，而且豬肉包及燒賣的價錢十分公道！在其它地區也能在各物產展上看到 551 蓬萊的蹤跡，相關資訊請前往官方網站的「展銷資訊」（催事情報）處確認。

🛒 SHOP 販售處

戎橋本店、大丸神戶店、近鐵百貨店奈良店、大丸京都店、JR 京都伊勢丹、大阪髙島屋、阪急梅田本店、大丸心齋橋店、阿倍野 HARUKAS 近鐵本店、大阪國際機場（餐廳）、關西機場（餐廳）……等。
URL：www.551horai.co.jp

夢幻逸品伴手禮，即使排隊也要搶！

Bâton d'or

在全世界都廣受歡迎「Pocky」製造商「固力果」（Glico）旗下的新形態菓子店。

大量使用將奶油融化，去除水分及非乳脂固形物後製成的清澈透明金黃色「澄清奶油」，來增加顏色與風味，製作出 Bâton d'or 才有的獨特口感。廣受全日本顧客的喜愛，是大阪新的代表性伴手禮。除了常規商品，在不同季節也會推出不同的特殊口味，巧克力棒與餅乾棒類型也可能不同，無論何時前往都充滿新鮮感。

⬆ 牛奶口味
巧克力棒
（ミルク）
501 日圓

⬆ 草莓口味
巧克力棒
（ストロベリー）
501 日圓

⬆ 糖霜奶油
口味餅乾棒
（シュガーバター）
501 日圓

⬆ 糖霜草莓
口味餅乾棒
（ストロベリー
シュガー）
501 日圓

⬆ 糖霜抹茶
口味餅乾棒
（抹茶シュガ
ー）501 日圓

⬅ Bâton d'or 阪急梅田本店

 販售處

阪急梅田本店、大阪髙島屋、京都髙島屋。
URL：www.glico.co.jp/batondor

大阪府

GRAND Calbee

　「GRAND Calbee」是由生產「薯條三兄弟」、「加卡比」（Jagabee）等，超人氣點心的日本代表零食製造商「Calbee」所經營的店舖。這裡所販售的洋芋片厚度，為市面上其他洋芋片的 3 倍，口感酥脆扎實，擄獲眾多消費者的心。在不斷口耳相傳之下，開店前就排滿了長長的人龍，據說最久甚至需要排上 5 個小時！

　推薦使用法國洛林岩鹽的「鹽口味」、味道濃厚附有酸味的「番茄口味」、使用北海道產奶油風味芳醇的「濃厚奶油口味」等，店家更陸續研發出各種誘人的新口味，是連大人也會喜歡的超人氣伴手禮。

鹽口味 ➜
（しお味）
60g 540 日圓

番茄口味 ➜
（トマト味）
60g 540 日圓

濃厚奶油口味 ➜
（濃厚バター味）
60g 540 日圓

※ 依季節販售不同商品。

 販售處

阪急梅田本店。
URL：www.calbee.co.jp/grandcalbee

夢幻逸品伴手禮，即使排隊也要搶！

PART 05

適合大家的伴手禮

每次來到日本，挑選伴手禮是不是讓你傷透了腦筋呢？「他會喜歡這個禮物嗎？」、「爺爺奶奶可以吃這個嗎？」、「送給同事的伴手禮該挑些什麼才好呢？」……別擔心！這裡依據不同的對象、用途挑選了各種不同特色伴手禮，讓送禮者、收禮者都開心！

❖ 超萌御土產，集合！ ❖

日本人從一百多年前，就已經非常重視造型的「KAWAII」。這裡要介紹可愛到讓你捨不得吃的甜點，帶你前往日本的超萌世界！

東京都

CANDY SHOW TIME

想知道糖果是怎麼製作出來的嗎？快來這裡！踏入 CANDY SHOW TIME 的店舖內，彷彿進入了夢的世界一般，形形色色的糖果正招手歡迎你！這裡就像是糖果的主題公園，讓你邊挑選送給好朋友的伴手禮，邊目不轉睛地觀賞充滿笑容的師傅親自製作色彩繽紛的糖果，就像是魔術般讓人目眩神迷！

CANDY SHOW TIME 的糖果每種造型都很厲害，在其他的糖果店，偶爾會看到不太明白想要呈現什麼圖案的造型糖果，但這裡的糖果質感完全不同，非常精緻！而且香氣十足，每一粒糖果都能感受到不同的個性，收到這樣的伴手禮一定讓人十分開心呢！

⬆ CANDY SHOW TIME MIX 460 日圓
綜合 8 種獨創的可愛糖果組合，絕對值得購買的基本商品！

©S.P/N.A

⬆ 櫻桃小丸子 MIX
（ちびまる子ちゃん MIX） 560 日圓
收到櫻桃小丸子中的人物圖形的糖果，一定會很開心的喔！

© TOKYO-SKYTREE TOWN

⬆ TOKYO SKYTREE
TOWN MIX 袋裝 560 日圓
罐裝 800 日圓（東京晴空街道限定）
以東京地區的象徵「東京晴空塔®」為圖形的糖果，適合當成東京的伴手禮！

©1976, 2015 SANRIO CO.,LTD. APPROVAL No.G553351

⬆ Hello Kitty MIX（ハローキティ MIX）560 日圓
全世界的偶像── Hello Kitty 的圖形糖果，當成糖果來吃似乎有點太可惜了！

⬆ 東京晴空街道店中正在製作糖果的師傅們。

店・舖・資・訊

🎎 CANDY SHOW TIME
表參道本店

📍 東京都渋谷区 神宮前 6-31-15

📞 03-6418-5334

🕐 11:00 ～ 20:00，無公休

🚌 從東京 Metro 地鐵千代田線・副都心線「明治神宮前站」步行 3 分鐘

@ candy-showtime.com

 販售處

東京晴空街道、澀谷站東急東橫店、名古屋榮地下街（サカエチカ）……等。

⬆ 日本童話（日本の童話）3 包裝　各 648 日圓（每月 1 日販售，限量商品）
每月推出不同的商品，將日本的童話做成可愛的蝦煎餅！裝成 3 袋來表現故事的內容。左圖為《輝夜姬》、右圖為《開花爺爺》。

桂新堂愛知縣

桂新堂

　　桂新堂所生產的蝦煎餅，與其說是「商品」，不如說它是「作品」更為貼切。不只對蝦子的口味和品質瞭若指掌，桂新堂對於煎餅的外觀也非常講究，隨著季節轉變，更推出各種不同設計的華美蝦煎餅，讓人忍不住「哇」地大讚可愛，更可稱為蝦煎餅中的藝術品！光是看著蝦煎餅上的圖案，彷彿被帶往童話中的世界，讓人覺得很幸福。穿著和服的店員們，加上如藝術品般的蝦煎餅，桂新堂可說是充滿著日本款待之心及纖細工匠技巧的完美店鋪。

⬅ 大和（おおきい和）
5 片裝　各 604 日圓
左圖為「不倒翁」，
右圖為「富士山」。

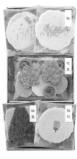

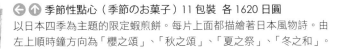

季節性點心（季節のお菓子）11 包裝 各 1620 日圓
以日本四季為主題的限定蝦煎餅。每片上面都描繪著日本風物詩。由
左上順時鐘方向為「櫻之頌」、「秋之頌」、「夏之祭」、「冬之和」。

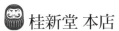
SHOP 販售處

KITTE（東京站）、西武池袋本店、松坂屋上野店、日本橋髙
島屋、橫濱髙島屋、成田機場、羽田機場、松坂屋名古屋店、
中部國際機場、阪神梅田本店、阪急梅田本店、大丸心齋橋
店、大阪髙島屋、大丸神戶店、博多阪急……等。

桂新堂 本店

📍 愛知県名古屋市熱田区金山町 1-5-4

🕐 10:00 ～ 19:00，無公休

🚗 從 JR、名鐵、名古屋市營地鐵線「金山站」南口步行 1 分鐘

@ www.keishindo.co.jp

店·舖·資·訊

兵庫縣

一番舘

← POMME D'AMOUR SKELETON（ポーム・ダムール スケルトン）1350 日圓

POMME D'AMOUR → SKELETON（ポーム・ダムール スケルトン, 紅茶）1458 日圓

愛知縣

浪越軒

　創業於 1971 年神戶元町的名店「一番舘」，將招牌商品裝入時尚蘋果造型容器的「POMME D'AMOUR SKELETON」，是十分受到歡迎的伴手禮，略帶苦味的巧克力與蘋果的酸甜滋味，在口中取得絕妙的平衡！以大吉嶺茶葉粉製成的紅茶口味也很推薦。POMME D'AMOUR 在法文中，是「愛情蘋果」的意思，當成禮物送給喜歡的人如何？

 販售處

一番舘本店、新神戶站「Entrée Marché」、SOGO 神戶店、日本橋髙島屋、京王百貨店新宿店、橫濱髙島屋……等。
URL：www.ichibankan.co.jp

↑ 手作動物園（てづくりどうぶつえん）1782 日圓

　源於愛知縣名古屋的和菓子店「浪越軒」，發想出如此可愛的甜點，讓人驚呼連連！一口大小的饅頭，內餡甜度控制得剛剛好，一組有 12 種不同動物造型的饅頭，可愛的外型讓心情瞬間得到療癒。

販售處

ecute 上野。
URL：www.namikoshiken.co.jp

floresta

↑ 動物甜甜圈（どうぶつドーナツ）
1 個 230 日圓起

源自關西地區，甜甜圈專賣店 floresta 製作的「動物甜甜圈」，情不自禁想對著它說話的可愛造型，讓人簡直捨不得咬下去！floresta 販售的甜甜圈，為了讓大家都可以安心食用，盡可能選擇不含添加物的原料，對身體較無負擔，並且一個一個仔細地以手工製作，不論是大人還是小朋友都十分喜愛，請把它們統統都帶回家吧！

SHOP 販售處

floresta 本輪菓本店（京都）、高円寺店（東京）、鎌倉店（神奈川）、堀江店（大阪）等。
URL：www.nature-doughnuts.jp

太郎 FOODS

大阪名物的那個「食倒太郎」竟然做成布丁了！打開可愛的包裝盒，可看見 3 頂逗趣的帽子，裡面就是美味的布丁，這就是大阪所特有的玩心！搭配由香甜焦糖醬與略帶苦味的焦糖粉組成的「雙重醬汁」布丁，滑嫩順口的正統好滋味頗受好評。

SHOP 販售處

關西國際機場、大阪國際機場、新大阪站「Entrée Marché」、道頓堀附近的特產品商店……等。
URL：www.tarofoods.com

↑ 食倒太郎布丁
（くいだおれ太郎
プリン）
3 個裝　1150 日圓

長谷製菓

北海道

← 北海道　俄羅斯娃娃
（Hokkaido マトリョーシカ）
5 個裝　648 日圓

🏔 SHOP 販售處

新千歳機場、丹頂釧路機
場、羽田機場、紀ノ國屋
超市……等。
URL：www.hase-seika.
co.jp

　　由北海道摩周湖山麓下的甜點工廠，製作出惹人憐愛的俄羅斯娃娃，外型十分輕巧可愛。以起士風味的海綿蛋糕，包覆僅北海道才有的「藍靛果忍冬」果實所製作而成的果醬內餡，外層再裹上一層白巧克力，多層次的設計讓口感一層一層產生變化，就像是俄羅斯娃娃一般，讓人驚喜連連。除此之外，包裝上的俄羅斯娃娃，也會隨著季節及氣氛而改變設計，娃娃手中持有的物品也會有所不同，請務必當成珍藏的伴手禮唷！

北海道 →
俄羅斯娃娃草莓口味
（Hokkaido
マトリョーシカいちご味）

❖ 傳統的可愛饅頭 ❖

日本人從 100 多年前，就已經開始重視商品的可愛度！這些歷史悠久的可愛饅頭，你捨得吃下肚嗎？

TOKYO HIYOKO 東京ひよ子

← 名菓 HIYOKO（名菓ひよ子）
9 個裝 1080 日圓

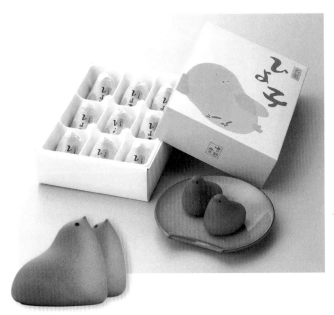

SHOP 販售處

羽田機場（國際線、國內線）……
等。
URL：www.tokyo-hiyoko.co.jp

1912 年以「想製造讓大家開心的新甜點」的想法開發的「名菓 HIYOKO」，充滿香氣柔軟的的外皮包覆著入口即融、不會太甜的黃味餡，造形可愛又幽默。從誕生至今已逾 100 年以上的歷史，現在已成為能代表日本的伴手禮，是廣受大家喜愛的厲害小雞！

中浦食品株式會社

中浦食品推出的「撈泥鰍舞饅頭」，是以搭配島根縣民謠「安來節」跳著「撈泥鰍舞」的火男（ひょっとこ）面具為設計主題，充滿香氣的外皮包覆濕潤內餡的美味饅頭，是能帶給每個人笑容的可愛伴手禮。

 販售處

米子機場、出雲機場、松江站等主要觀光名產店⋯⋯等。
URL：www.nakaura-f.co.jp

↑ 撈泥鰍舞饅頭（どじょう掬いまんじゅう）
8 個裝 648 日圓

青柳總本家

看起來好像會發出呱呱叫聲的名古屋名產「青蛙饅頭」！日文中的青蛙發音（kaeru）與「歸來」的發音相同，代表能從旅行當中平安歸來，也有著「幸福能回到身邊」的意思，非常吉利！

 販售處

ESCA 地下街（名古屋站新幹線側）、新特麗亞中部國際機場、縣營名古屋機場等。
URL：www.aoyagiuirou.co.jp

↑ 青蛙饅頭（カエルまんじゅう）6 個裝 540 日圓

壽製菓株式會社

⬆ 因幡的白兔（因幡の白うさぎ）8 個裝
1080 日圓

　　日本神話「因幡的白兔」中，牽起出雲大社神明姻緣的可愛白兔。將帶來「緣分」的白兔當成旅行的伴手禮，說不定會發生什麼好事喔！

 販售處

山陰地區主要百貨公司、名產店……等。
URL：www.shirousagi-goen.com

適合大家的伴手禮

❖ 貓熊天國＠東京・上野 ❖

貓熊的熱潮持續延燒！在動物園所在地的東京上野，能看到各式各樣可愛到不忍心入口的貓熊甜點。想要購買貓熊伴手禮，請跟我們往上野出發！

東京都

松坂屋上野店

🔵 竹隆庵岡埜 銅鑼燒（とらが燒）
（櫻花貓熊）1 個 220 日圓
／5 個一盒 1350 日圓
使用嚴選的素材，仔細燒烤製成帶有虎斑花紋的銅鑼燒，於鬆軟的外皮中夾進滿滿的餡料。

從聚集各地觀光客的「上野阿美橫町」步行一會兒，就可抵達長年受居民喜愛的老字號百貨公司「松坂屋上野店」。這裡有個擁有超人氣的吉祥物「櫻花貓熊」（さくらパンダ），連身上的花紋都是櫻花的形狀，真是可愛到不行！打著由櫻花貓熊親自提供 SNS 服務，發送訊息來招攬百貨公司的顧客，松坂屋上野店的櫻花貓熊因此受到矚目，2011 年時更挺身而出，召集全國的貓熊吉祥物一同舉辦「貓熊高峰會」，希望能夠帶給全日本小孩子滿滿的朝氣。

櫻花貓熊緊緊抓住全日本女孩與小孩的心，成為備受寵愛的吉祥物。在松坂屋上野店本館1 樓的和洋菓子賣場等處，也可買到櫻花貓熊相關的商品喔。今後櫻花貓熊會有什麼的活躍的表現呢？讓人十分期待！

坂角總本舖 ➡
蝦煎餅－Yukari
（ゆかり）8 片裝
×2 包　1382 日圓
將新鮮的蝦子細心烤製
成香氣十足的美味蝦煎
餅。可愛的櫻花貓熊包
裝，只能在松坂屋上野
店買到喔！

⬅ 泉屋
櫻花貓熊 cup in
（さくらパンダカッ
プイン）23 片裝
1296 日圓
內含上頭繪製著櫻花貓
熊的餅乾，以及 ring
torte（リングターツ）
等各種泉屋人氣綜合餅
乾。

姓名：櫻花貓熊（さくらパンダ）
出生地：東京・上野
　　　　（充滿森林與大自然的地方）
性別：祕密
興趣：旅行、吃東西、與人交流等等。
官方網站：sakura-panda.com

在松坂屋等著
你到來喔！

店・舖・資・訊

🎎 松坂屋上野店

📍 東京都台東区上野 3 丁目 29 番 5 号
📞 03-3832-1111
🕐 10:00 ～ 20:00
🚌 從 JR「御徒町站」步行約 2 分鐘
@ www.matsuzakaya.co.jp/ueno

ecute 上野

⬆ colombin 貓熊蛋糕捲（パンダパンダ・ロール）
1388 日圓
濃厚的巧克力奶油與牛奶風味的生奶油構成熊貓的
臉的圖案。不管從蛋糕捲的哪邊開始切，斷面都可
以看到貓熊的圖案呢！

⬆ siretoco factory siretoco donut
（シレトコドーナツ）人氣 best ☆ 5 個 1 組
1680 日圓
小貓熊的臉從甜甜圈中偷偷露出來，是不是很可愛？
集合最受歡迎的 5 種口味的組合，絕對不能錯過！

　　位於上野車站內的 ecute 上野，販售許多讓人情不自禁想尖叫的貓熊甜點及貓熊商品。
ecute 上野的營業時間比起其他百貨公司來得長，再加上可以在車站內一次將東西買完，要
安排旅行中的購物行程也很方便喔！

⬅ danish Panda danish Panda box
（デニッシュパンダボックス）5 個裝　900 日圓
提供販售現烤丹麥麵包的 ecute 上野限定店舖。現
烤的丹麥麵包口感酥脆，最適合在公園一邊看風景
一邊享用。店內販售的季節限定商品也很推薦喔。

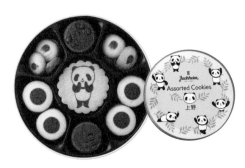

⬆ JUCHHEIM（ユーハイム）
上野 assorted cookies 1296 日圓
內含印上 ecute 上野的原創貓熊吉祥物「小上」
（うえきゃん）等 5 種不同餅乾的組合，讓人苦惱
不知道該先吃哪一個才好！

⬆ Yoku Moku（ヨックモック）
雪茄蛋捲（シガール，貓熊包裝）10 個裝
將招牌商品的雪茄蛋捲加上可愛的貓熊包裝，是不
是捨不得拆開呢？

⬆ Quatre 貓熊布丁（パンダプリンアラモード）
494 日圓
上野車站限定商品，使用奧久慈蛋製作的濃厚口味
布丁，搭配略帶苦味的黑糖焦糖，再加上白巧克力
慕斯的貓熊裝飾，請於購買當日享用喔。

店・舖・資・訊

🐼 ecute 上野

📍 JR 東日本上野站站內 3 樓
※ 可從公園驗票閘門或入谷驗票閘門進入。

📞 03-5826-5600

🕐 08:00 ～ 22:00（週五～ 22:30、週日 & 假日～
21:00，部分店舖不同）

@ www.ecute.jp/ueno

❖ 給長輩的御土產 ❖

去國外旅遊最困難的事，可能就是挑選送給長輩的伴手禮了吧？放心，這裡就要介紹讓阿公阿嬤開心的土產，都是深受日本銀髮族歡迎，而且容易消化的傳統食品，請放心帶回家！

石川縣
加賀麩不室屋

⬆ 細工麩 小細工（こざいく）270 日圓

⬆ 細工麩 小紅花（こばな 赤）270 日圓

在金澤有間持續 150 年生產加賀麩的老字號店舖，名為「加賀不室屋」。傳承傳統的製作方式、味道及技術，研發製作出各種麩製品，其中外觀繽紛的「細工麩」，是非常受歡迎的伴手禮。只是把細工麩放進湯中，就能讓整道料理看起來像是開滿了絢麗的小花朵一般，是日本職人才能創造出的美感。食欲不振的爺爺、奶奶們，如果看到料理中放進如此可愛的麩製品，說不定也會胃口大開喔！據說麩可幫助消化，脂肪含量低且擁有高蛋白質，對身體很好。

 販售處

西武池袋本店、日本橋髙島屋、新宿髙島屋、橫濱髙島屋、大丸京都店、大丸心齋橋店、阪急梅田本店、大阪髙島屋、大丸神戶店……等（不同店舖商品各有不同）。

此外，「日式清湯 寶麩」（ふやき御汁 宝の麩）也是由老字號不室屋所發想，是連眼睛也能享受的絕品。據說最初是為了讓留學海外的子女們能輕鬆地吃到日本家鄉的味道，而開始研發設計的商品。只要將最中餅皮打個洞，倒入熱水後，加賀優雅華麗的四季風情立即在碗中展現。

↑ 加賀味噌（內含花麩、蔥、手削昆布片的味噌湯）206 日圓

↑ 暫（內含花麩、波菜、手削昆布片的清湯）206 日圓

🎎 **加賀麩不室屋本店**

📍 石川縣金沢市尾張町 2 丁目 3 番 1 号

📞 076-221-1377

🕐 09:30 ～ 18:30，過年期間公休

🚌 從 JR「金沢站」搭北陸鐵道巴士（往東部車庫 橋場町經由）「尾張町站」下車步行 3 分鐘

@ www.fumuroya.co.jp / fumuroya

適合大家的伴手禮

福砂屋

長崎在地的長崎蛋糕特徵之一，是攪拌麵糊時尚未融化的砂糖顆粒會殘留，因此底部有粗砂糖粒，口感特殊。福砂屋只使用雞蛋、小麥粉、砂糖、麥芽糖等簡單的材料，沒有使用任何添加物，是贈送長輩的好選擇。

 販售處

日本主要都市百貨公司。

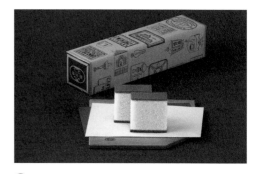

⬆ 小切 0.6 號 1 條 1188 日圓

大阪府

善祥庵

⬆ 家庭用 黑豆 柔軟（やわら）70g 648 日圓

⬆ 家庭用 黑豆 蜜漬（ふくみ）85g 648 日圓

日本全國知名的丹波黑豆，不僅顆粒大、味道佳而且營養豐富，非常適合送給爺爺、奶奶當作禮物。位於大阪今里的黑豆專賣店「善祥庵」，就販售各種適合做為伴手禮的究極黑豆甜點，以獨特的製作方法引出黑豆本身的美味，並製成容易食用的形式。其中，「柔軟」的製作方式是仔細地蜜漬後再加以乾燥，成品甜度適中且口感較軟。「蜜漬」則是讓蜜深入滲透進中心，成品口感較濕潤且 Q 彈有嚼勁。都是對黑豆知識知曉通透的善祥庵才製作得出來的自信之作。

 販售處

阿倍野 HARUKAS 近鐵本店，isetan Food Hall LUCUA 1100（大阪）。
URL：zenshoan.jp

榮太樓總本鋪

⬅ 黑飴

⬅ 抹茶飴

⬆ 榮太樓飴 4罐裝（黑飴、梅ぼ志飴、紅茶飴、抹茶飴）1664 日圓

「榮太樓總本鋪」本店坐落於日本橋，是創業至今已 150 餘年的江戶菓子鋪。其所販售的糖果，受到全國年長者顧客們的絕大支持，可說是超級暢銷商品呢！黑飴是以沖繩產的黑糖製作，加上略帶點桂皮粉末的樸實味道，送禮自用兩相宜。其他還有像是傳承江戶時期製法的「梅ぼ志飴」，以及使用風味豐醇的日本產抹茶製成的古早味「抹茶飴」等，含入口中就能感受到從江戶時期延續至今的深奧美味。

SHOP 販售處

日本橋本店、大丸東京店、澀谷站東急東橫店、日本橋髙島屋、橫濱髙島屋……等。
URL：www.eitaro.com

尾張 松風屋

愛知縣

本公司設置於名古屋的煎餅老店「尾張松風屋」，將新鮮山珍海味的精華滋味封鎖於薄烤煎餅之中，人氣商品「綜合海鮮煎餅」（味好み）系列廣受年長者喜愛！以「重新發現來自大自然的贈禮」為主題，將大自然的美味及香氣細心地融入煎餅，每袋都有8種不同的口味。除此之外，包裝內的蔬菜片更保持原本的模樣，除了可享受食材原本的風味，也能有繽紛的視覺感受！如果是自己在家裡想要吃的話，可於百貨公司購買家庭號經濟包裝「味煎」。

⬆ 綜合海鮮煎餅 山之幸（味好み山の幸）1080 日圓

 販售處

日本主要都市百貨公司。
URL：www.matsukazeya.co.jp

淺草 MUGITORO

淺草むぎとろ

 淺草 MUGITORO 山藥花林糖（とろりんとう）、濕麻糬（三代目）各 540 日圓

　　在 P.088 也介紹了這間使用山藥泥製作懷石料理的「淺草 MUGITORO」。這間老字號也將自豪的山藥泥製作成各式點心菓子，深受年長顧客們的喜愛。可同時享受沖繩產黑糖與山藥泥綿密口感的花林糖「山藥花林糖」（とろりんとう），帶有濕潤又鬆軟的口感，一入口就停不下。特別介紹的濕麻糬（三代目），是使用高級的糯米加上山藥泥製成，吃起來既柔軟又濕潤，像是麻糬一般，是別的地方吃不到的口感。在許多百貨公司皆有販售淺草 MUGITORO 的商品，非常推薦當成伴手禮喔。

SHOP 販售處

澀谷東急東橫店、日本橋髙島屋、SOGO 横濱店……等（皆非常設店）。
URL：www.mugitoro.co.jp

❖ 送給不嗜甜者的伴手禮 ❖

許多人可能對日本食品的甜度大感吃不消，加上最近為了健康，不吃甜的人數也逐漸增加。這裡就要介紹在日本很受歡迎、低甜度的名產！

愛知縣
坂角總本舖

在全國的百貨公司都設有店舖，創業已逾120個年頭的蝦煎餅老字號。以江戶時期一直流傳至今的傳統及技術，將新鮮蝦子精心燒烤，製成飄散濃郁香氣的蝦煎餅，只要咬下一口，蝦子的香氣立即在口中擴散開來，是送給不喜歡甜食的人的最佳選擇。

← Yukari（ゆかり）
12 片裝　1080 日圓

🗻 **SHOP** 販售處

大丸札幌店、大丸東京店、澀谷站東急東橫店、西武池袋本店、松坂屋上野店、橫濱高島屋、松坂屋名古屋店、大丸京都店、阿倍野HARUKAS 近鐵本店、成田機場、羽田機場、中部國際機場、關西國際機場、福岡機場等。
URL：www.bankaku.co.jp

GATEAU FESTA HARADA

 GOUTER de ROI Sommelier 15 片裝 972 日圓

由在 P.106 處也介紹過的排隊名店所製作的「GOUTER de ROI Sommelier」。以「適合搭配紅酒」為製作概念的前菜脆餅。使用義大利產起士、牛肝菌、洋蔥酥及羅勒等香料，製作出前所未有的奢侈法國麵包脆餅。

SHOP 販售處

大丸札幌店、松屋銀座、京王百貨店新宿店、東武百貨店池袋店、松坂屋上野店、松坂屋名古屋店、阿倍野 HARUKAS 近鐵本店、大丸京都店、大丸札幌店、博多阪急……等。
URL：www.gateaufesta-harada.com

志濃里

堅持使用北海道產原料所製作的卡芒貝爾起士蛋糕，大量降低甜味，屬於較不甜的蛋糕。濕潤的口感中能嚐到濃厚的起士風味，就算是當成正餐食用也不覺得膩。如果旅途中剛好遇到北海道物產展，即使排隊也請務必嘗試看看。

↑ 卡芒貝爾起士蛋糕
（カマンベールチーズケーキ）594 日圓

SHOP 販售處

函館機場、函館市內名產店、北海道內名產店、北海道特產品店……等。
URL：www.ss-showa.com

神奈川縣
鎌倉 LESANGES

混合使用湘南鎌倉產與法國蓋朗德產的鹽，所製作而成的鎌倉 LESANGES 獨創鹽味餅乾，著重於鹽巴與少許砂糖間的完美比例，高雅的鹹味搭配香草、番茄、起士等材料，口感鬆軟且餘味無窮。以法式古董盒為構想的外包裝也非常漂亮。

↑ 法式小鹹點
（プティ・フール・サレ）
1512 日圓

SHOP 販售處

鎌倉 LESANGES 店舖、橫濱髙島屋。
URL：www.lesanges.co.jp

芽吹屋

芽吹き屋

⬆「穀」Cookie 小米 榛果口味
（きび ヘーゼルナッツ）648 日圓

⬆「穀」Cookie 稗 芝麻口味（ひえ 胡麻）
648 日圓

　由製造販售穀類的粉類製品、生菓子（冷凍和菓子）的製造商所製作的餅乾。大量使用生長於大自然的小米、粟米、稗等原料，保留其口感且不添加過多的糖分，是只有對穀類瞭若指掌的芽吹屋才能製作的餅乾。因為只使用天然的材料製作，對身體不會造成負擔，穀物顆粒在口中彈跳的口感，充滿岩手的大自然風味，讓人一吃就上癮。

販售處

芽吹屋直營店、花卷機場、JR 盛岡站、JR 新花卷站、岩手銀河 PLAZA……等。
URL：www.mebukiya.co.jp

小岩井農場

⬆ 小岩井農場大人的餅乾（小岩井農場大人のクッキー）起士＆黑胡椒口味、起士＆羅勒口味

⬆ 小岩井農場起士棒（小岩井農場チーズスティック）原味、洋蔥味、辣味

將濃厚風味的「奶油起士」、豐醇的「發酵奶油」，以及愈嚼愈香的岩手縣產麵粉等，加入啤酒後攪拌均勻，以獨特做法燒烤製成的起士棒。

使用小岩井農場傳統發酵奶油所製成的酥脆減糖餅乾。熱銷產品中，有使用濃厚香醇的帕馬森乾酪，加上帶有刺激性口感的黑胡椒，譜出強烈的「起士＆黑胡椒口味」；或以帕馬森乾酪加上羅勒的清爽香氣，組成溫和的「起士＆羅勒口味」。可做為搭配各種酒類的點心享用。

 販售處

小岩井農場牧場園內店、岩手銀河 PLAZA、花卷機場、JR 盛岡站名產店……等。
URL：www.koiwai.co.jp

佐佐木製菓 佐々木製菓

⬆ 佐佐木的南部煎餅
花生口味（ピーナッツ）
14 片裝　356 日圓

⬆ 佐佐木的南部煎餅
芝麻口味（ごま）
14 片裝　356 日圓

　「南部煎餅」可說是岩手縣伴手禮的代名詞。佐佐木製菓以單純的原料，呈現出簡單卻耐吃的口味，愈嚼愈香的芝麻及花生甜味在口中擴散開來，不論是小朋友還是長輩都能開心享用。佐佐木製菓的南部煎餅曾在全國菓子大博覽會上榮獲金獎殊榮，百貨公司的各地銘菓專區等處都有販售，請務必買來吃吃看。

 販售處

岩手銀河 PLAZA、花卷機場、仙台機場等。

❖ 500日圓硬幣價！送給同事的伴手禮 ❖

　　想讓同事品嚐便宜又好吃的日本名產嗎？在百貨公司，也有只要一枚硬幣就能放肆購買的伴手禮，盡情為同事們大方採購吧！

大阪府
柿種廚房 かきたねキッチン

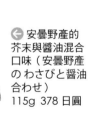

◀ 濃厚奢侈起士口味（濃厚なコクの贅沢チーズ）
115g 378 日圓

◀ 絕妙滋味照燒美乃滋口味
（絕妙あま旨 てりやきマヨネーズ）
115g 378 日圓

◀ 安曇野產的芥末與醬油混合口味（安曇野產のわさびと醬油合わせ）
115g 378 日圓

　　「柿種廚房」是將廣受歡迎的柿種米果，製作成各式口味的專賣店，前所未見的驚奇口味陸續登場！除此之外，也有與知名品牌合作的商品，以及限定期間販賣的口味。不管是哪種口味都緊緊抓住消費者的心，讓人忍不住想要抓一點吃看看。一枚硬幣（500 日圓）就可以買到的袋裝包裝，共有 10 種以上的口味，照燒美乃滋、芥末醬油……是不是每種都想試試看？

 SHOP 販售處

大丸札幌店、日本橋髙島屋、ecute 上野店、橫濱髙島屋、JR 名古屋髙島屋、大阪髙島屋、博多阪急……等。
URL：www.toyosu.co.jp/kakitanekitchen

麻布十番 揚餅屋 あげもち屋

⬆️ 麻布炸麻糬（麻布あげ餅）
醬油口味 399 日圓
炸得酥脆的麻糬香味四溢，在加上祕傳的醬油沾醬，是揚餅屋的代表商品

⬆️ 金平牛蒡 炸麻糬
（きんぴらごぼう あげ餅）
432 日圓
炸麻糬佐以牛蒡的風味，再加上麻辣的唐辛子，香氣四溢。

⬆️ 圓形炸麻糬 鹹甜醬油味
（小丸あげ餅 甘辛醬油）
334 日圓
做成圓形的可愛炸麻糬，以風味豐醇的鹹甜醬油調味製成。

　　將一口大小的麻糬炸得酥脆的炸麻糬專賣店，口味種類十分豐富。在店內也可以自由試吃各式商品，常規商品的鹽口味及醬油口味十分經典，也有像是奶油培根義大利麵口味、蒜味辣椒義大利麵口味等，融合了日式及西式的特殊口味，十分有趣。外包裝色彩豐富，是十分討喜的伴手禮。

 販售處

西武池袋本店、澀谷站東急東橫店、松坂屋名古屋店、大丸東京店、松坂屋上野店、羽田機場等。
URL：www.agemochiya.com

京都府

OTABE おたべ

↑ kotabe（こたべ）夏季－紅豆沙餡口味
（こしあん）5 個裝 各 378 日圓

OTABE 將京都伴手禮代名詞的生八橋，縮小至小巧可愛的一口尺寸，並分裝成小包裝。常規的口味有肉桂、抹茶、栗金團、黑豆等，依照季節也會推出各種限量口味。一年當中會隨季節更換設計的外包裝，想著「這次會遇到哪一種設計的外包裝呢」，也成為到京都旅遊的樂趣之一。

 販售處

OTABE 本館、京都車站⋯⋯等。
URL：www.otabe.jp

東京都

赤坂柿山

和風包裝 →
（みずほづつみ）
小愛心 甘鹽蝦味
（プチハート えびしお）
108 日圓

← 和風包裝
（みずほづつみ）
五味 幸福
（五ツ味 さきわい）
173 日圓

御欠名店「赤坂柿山」所販售的隨手包霰餅點心，有愛心形狀的蝦煎餅、加入杏仁與黃豆等的煎餅、一袋內有 5 種口味的五味煎餅等，種類豐富。只花 108 日圓就能享受道地的日本御欠風味，快帶給同事品嚐吧！

販售處

日本橋髙島屋、銀座三越、伊勢丹新宿店、新宿髙島屋、西武池袋本店、澀谷站東急東橫店、松坂屋上野店、橫濱髙島屋、JR 京都伊勢丹⋯⋯等（每家店舖販售商品各有不同）。

東京都

Sugar Butter Tree シュガーバターの木

↑ Sugar Butter Sand Tree
（シュガーバターサンドの木）
5 個裝　349 日圓

Sugar Butter Sand Tree 以精選 6 種穀物混合製成的麵糰為底，加上糖霜奶油烤製而成，鬆脆的口感與濃郁的牛奶風味白巧克力簡直是絕配！連外包裝的盒子都經過特別設計，讓餅乾方便攜帶、不易破碎，如此貼心的設計讓人十分感動。

SHOP 販售處

JR 上野站（中央驗票閘門外）、JR 東海東京站（砂之時計台）、阪急梅田本店、博多阪急……等。
URL：www.sugarbuttertree.jp

東京都

BERNE

↑ 千層酥（ミルフィユ）3 條裝　302 日圓

BERNE 可說是販售千層酥伴手禮的創始商店。在烤得香氣十足的 3 層派餅中，夾入 3 種奶油夾心，外層再以微甜的巧克力包裹，可選擇榛果、香濃牛奶、甜味 3 種口味。除了只花一個銅板就能買到的 3 條包裝（有著粉色花朵的可愛包裝）之外，也有其他多種綜合包裝可供選擇。

SHOP 販售處

銀座三越、大丸東京店、新宿髙島屋、橫濱髙島屋、羽田機場、成田機場……等。

坂角總本舖

炸成一口大小的酥脆炸煎餅充滿大海的風味與香醇，有蝦子與帆立貝 2 種口味，吃一口就停不下來。小包裝的分量當成休息的點心剛剛好，也有能當成伴手禮贈送的包裝，與同事分享再好不過了。

 販售處

大丸札幌店、大丸東京店、澀谷站東急東橫店、西武池袋本店、松坂屋上野店、橫濱髙島屋、松坂屋名古屋店、大丸京都店、阿倍野 HARUKAS 近鐵本店……等。
URL：www.bankaku.co.jp

⬆ 鬆脆日記（さくさく日記）蝦子、帆立貝口味各 108 日圓

福砂屋

擁有超過 390 餘年歷史的老字號福砂屋，將長崎蛋糕做成可愛的方塊狀囉！盒子裡裝著蛋糕師傅以手工製作而成的傳統長崎蛋糕，還附有小叉子，方便隨時享用。源於長崎的絕品長崎蛋糕，當成伴手禮非常體面！

⬆ 福砂屋 CUBE（フクサヤ キューブ）1 盒 270 日圓

 販售處

日本主要都市百貨公司。
URL：www.castella.co.jp

❖ 送給萬中選一的他！夢幻絕品伴手禮 ❖

想送給家人、另一半、客戶⋯⋯應該送什麼樣的禮物呢？讓收禮者打開的瞬間心花怒放，也讓送禮者感覺十分體面的伴手禮，華麗到讓你捨不得移開目光！

東京都

銀座 菊廼舍

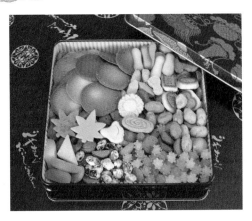

⬆ 特撰 富貴寄 小罐 2160 日圓

⬆ 富貴寄 夏色罐 1728 日圓（夏季限定）

　　創業 125 年的江戶和菓子店「銀座菊廼舍」。綜合約 30 種小巧可愛乾果子的代表銘菓「富貴寄」，猶如以小點心製成的珠寶盒，是極具話題性的伴手禮。打開餅乾盒蓋的瞬間，就能聽到此起彼落的讚嘆聲，從收到禮盒到吃完最後一口，都能沉浸在華麗的氣氛當中。

 販售處

銀座本店、東京車站（トウキョウミタス）、澀谷站東急東橫店、羽田機場⋯⋯等。
URL：www.ginza-kikunoya.co.jp

New 木村屋
福島縣

ニュー木村屋

在使用果泥做成的果凍中，放入大粒福島縣產的白桃，及山形縣產的法蘭西梨果肉。嚐一口就能感受其鮮美多汁與豐美香氣，果然是極品果凍。華麗的外包裝也十分引人注目。

↑ New 木村屋
美島桃子果凍
（うつくしまゼリー）
9 個裝　3150 日圓

🏔 SHOP 販售處

六本木 Hills（福島屋）、福島縣八重洲觀光交流館、日本橋福島觀光物產館。
URL：newkimuraya.com

美味御進物逸品會
東京都

おいしい御進物逸品会

→ 宴之華（宴の華）
大罐裝　1944 日圓

赤坂及新橋的上流貴婦們，要買高級禮品時常會造訪「柳橋逸品會」，店內陳列的商品都是日本引以為傲的美味，外觀也十分講究。其中，「宴之華」匯集了蓮藕、南瓜、紅蘿蔔、蘋果、秋葵、昆布等 20 多種山珍海味，以特殊製法炸成，是受到各界知名人士長年喜愛的人氣商品。

🏔 SHOP 販售處

淺草橋本店、澀谷站東急東橫店、西武池袋本店、阪急梅田本店等（皆非常設店）。
URL：www.ippinkai.jp

東京都

資生堂 PARLOUR　資生堂パーラー

由身兼攝影師的第一代社長的福原信三所設計。用心烤製的花椿餅乾樸實且溫醇，充滿令人懷念的好滋味。時尚且設計高雅的餅乾罐，也是長年受到喜愛的理由之一。

⬆ 花椿餅乾（花椿ビスケット）
（左）白罐 24 片裝 1512 日圓
（右）金罐 48 片裝 2376 日圓

SHOP 販售處

伊勢丹新宿店、日本橋髙島屋、松坂屋上野店、西武池袋本店、橫濱髙島屋、羽田機場……等。
URL：parlour.shiseido.co.jp

東京都

日本橋　千疋屋總本店

日本代表性的老字號水果專賣店「千疋屋總本店」，以精心挑選的水果製成的高品質果醬。只使用水果果肉、砂糖、檸檬果汁細心熬煮，只要一小口，就能感受到水果香氣在口腔中擴散開來。

SHOP 販售處

銀座三越、伊勢丹新宿店、新宿髙島屋、日本橋髙島屋、西武池袋本店、松屋銀座、羽田機場……等（每家店舖販賣商品各有不同）。

⬆ 水果果醬
（フルーツジャム）
6 瓶裝 6804 日圓

適合大家的伴手禮

147

東京都

帝國飯店 東京

「帝國飯店」自 1890 年開業以來，就是迎接來自世界各國賓客的代表性飯店。以日本、法國、迦納等國為主題，製作出 8 種不同口味的餅乾，非常適合送給重要的人。

⬆ Imperial Hotel CooKie　3240 日圓

 店 · 舖 · 資 · 訊

🎎 帝國飯店 東京

📍 東京都千代田区内幸町 1-1-1
　（在本館 1F「Gargantua」販售）

📞 03-3504-1111

🚇 從東京 Metro 地鐵日比谷線 千代田線 · 都營地鐵三田線「日比谷站」步行 3 分鐘

@ www.imperialhotel.co.jp

東京都

RUYS DAEL

⬆ Almond Leaf
（Almond Leaf 30 個
Chocolat Leaf 15 個）
3240 日圓

創業 90 餘年的老字號洋菓子店。高級的餅乾派「Almond Leaf」，在餅乾上加上杏仁片及糖霜製成，奶油香氣以及酥脆好入口的口感，構成纖細且高雅的味道。在百貨公司內長期設櫃販售，因為態度真誠，受到眾多顧客支持。

SHOP 販售處

中野本店、三越札幌店、銀座三越、東武百貨店池袋店、三越名古屋店、近鐵百貨店奈良店……等。
URL：www.ruysdael.co.jp

BEL AMER

店名「BEL AMER」在法文中是「美麗的苦味」之意。由巧克力師傅一個一個仔細地以手工製作成，加上帶有香氣的堅果仁及水果乾等裝飾，共有 15 種不同口味。

↑ Palet Chocolat 15 片裝　4536 日圓

SHOP 販售處

大丸東京店、澀谷站東急東橫店、伊勢丹新宿店、銀座三越、松坂屋名古屋店、JR 京都伊勢丹店、阪急梅田本店……等。
URL：www.belamer.jp

marshmallow elegance

怎麼會有這麼美味的棉花糖？「Chocolat Terrine」在入口即化的巧克力中，包覆著棉花糖、杏仁及蜜漬果乾等素材，有微苦巧克力、草莓 2 種口味，是吃過一次就難以忘懷的奢華甜點。

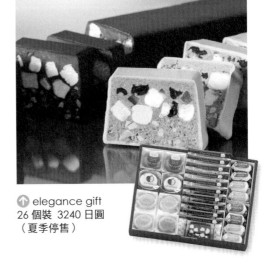

↑ elegance gift
26 個裝　3240 日圓
（夏季停售）

SHOP 販售處

GRANSTA（東京站）、橫濱 SOGO（銀葡萄）、阪急梅田本店……等。
URL：www.marshmallow-elegance.jp

適合大家的伴手禮

東京都

銀座 曙 銀座 あけぼの

↑ 二十四節花　1盒36片裝　1296日圓

充滿大自然恩惠素材的8種口味御欠，以印上24種的花朵與俳句的小袋子包裝。包裝袋上描繪著繡球花、山茶花、菊花等，猶如藝術品一般。曙的店舖中，也有許多具有和風感的商品。

🗻 SHOP 販售處

札幌三越、銀座三越、日本橋髙島屋、大丸東京店、伊勢丹新宿店、澀谷站東急東橫店、西武池袋本店、羽田機場、成田機場、大丸梅田店……等。
URL：www.ginza-akebono.co.jp

東京都

錦松梅

「錦松梅」是佃煮、粉狀調味料的專賣店，將嚴選柴魚、白芝麻、香菇、木耳、松子等，以古傳祕方製作，是送禮的暢銷禮品。成品放在「有田燒」的陶器裡販賣，也有方便攜帶的袋裝類型商品。

🗻 SHOP 販售處

大丸東京店、上野松坂屋、澀谷站東急東橫店、羽田機場、橫濱髙島屋、銀座三越、伊勢丹新宿店、西武池袋本店、日本橋髙島屋。
URL：www.kinshobai.co.jp

↑ 錦松梅　有田燒容器包裝「SW」260g裝（130gX2袋）
5400日圓（容器設計可能不同）

京都府

足立音衛門

⬆ 栗子 Terrine（栗のテリーヌ）
4320 日圓

「栗子 Terrine」是奢侈使用大量栗子的蛋糕，總重量650公克中就有400公克是栗子！使用和三盆糖製作的美味牛油蛋糕，帶著令人懷念的味道，與栗子簡直是絕配，可說是能長留在記憶之中的絕品。

🏔 **SHOP** 販售處

京都本店、西武池袋本店、松屋銀座、JR 名古屋髙島屋、松坂屋名古屋店、大丸京都店、阪急梅田本店……等。
URL：www.otoemon.com

鹿兒島縣

Patisserie YANAGIMURA

鹿兒島的人氣洋菓子店。蔚為討論話題的伴手禮是限定生產的商品「薩摩之寶 燒酒心巧克力（薩摩の宝～燒酎ボンボンショコラ～）」，是與西酒造共同製作的商品。番薯燒酒的風味及醇和的巧克力在口中融合，溫和好入口，能享受微醺滋味。

🏔 **SHOP** 販售處

KITTE（東京站）、鹿兒島中央站店。
URL：www.yanagimura.com

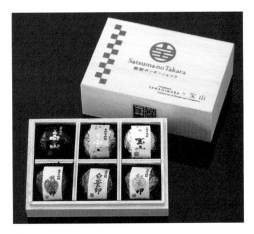

⬆ 薩摩之寶 燒酒心巧克力 1620 日圓

適合大家的伴手禮

PART 06

跟著吉祥物來一場
日本伴手禮之旅！

近年來日本各地掀起一陣吉祥物風潮，這些可愛的角色其實擔負了行銷地方觀光的重責大任！這些超人氣吉祥物，你認識幾個了呢？讓各地的吉祥物帶你來一場周遊日本之旅吧！

❖ 超萌吉祥物大集合！❖

最近幾年來，日本掀起一陣各地吉祥物風潮，各地的吉祥物加起來，竟然高達 1500 個以上！當紅的日本吉祥物，你知道幾個呢？

 熊本縣代表！

くまモン
KUMAMON

在熊本縣有廣大的阿蘇跟美麗的天草之海，也有很多溫泉和美食！大家一起來吧～☆

原本是為九州新幹線全線通車所設計，後來被熊本縣知事任命為「熊本縣營業部長兼幸福部長」，現在已可說是每天為宣傳熊本美食跟大自然魅力而奮鬥的公務員了！據說他胖胖的體型，是因為吃了太多熊本超美味的特產物，2015 年還因為太胖而挑戰減肥，結果失敗了，被降級為「代理部長」，不過現在已經平安回到營業部長的位置了。

KUMAMON 是日本最具話題性的在地吉祥物，還曾參加「幻想吉他」的全日本決賽，更挑戰過高空彈跳！目前在全世界都具有超高人氣！

©2010 熊本県くまモン

ちっちゃいおっさん®
小老頭

ハオ

↑ 太太 瑞惠
（みづえ）
小老頭的太太也
以「小老太婆」
（ちっちゃいお
ばはん）的身分
活躍中！

↑ 商品種類十
分豐富！帶在身
上彷彿就能充滿
活力！讓「小老
頭」成為你旅途
中的伴侶吧！

兵庫縣尼崎市的非官方吉祥物「小老頭」，
本名為「酒田伸一」（酒田しんいち），是
少數能開口說話的吉祥物，更因為輕鬆有趣
的談話內容，受到大家歡迎！充滿正義感及
幽默感的小老頭也被多數的企業相中，拍攝
了許多廣告，受歡迎的程度不下當紅的偶像
明星，濃濃的昭和風情深受各世代的喜愛。
事實上，小老頭對自己非常放縱、不喜歡認
真工作加上喝醉酒時滿口醉話，看起來就是
個隨處可見的大叔模樣。「就算是大叔也能
受到歡迎！」這樣的意象，是否能帶給全日
本的大叔們希望之光呢？

URL：co3.tv

跟著吉祥物來一場日本伴手禮之旅！

I LOVE
GUNMA

⬆ 在銀座的群馬醬家，買得到可愛的群馬醬周邊商品喔！

　　努力擔任群馬縣宣傳部長的 7 歲小馬「群馬醬」，特技是能變身成各種樣貌。於每年舉辦的各地吉祥物票選當中，都獲得不少票數支持，2014 年更一舉登上冠軍寶座。群馬縣因為富岡製絲廠及絲綢產業遺產群，被列為世界文化遺產，有眾多的海外觀光客到此造訪。今後也請多多支持在這魅力十足的群馬縣努力的宣傳部長群馬醬！

URL：kikaku.pref.gunma.jp/g-info

栃木縣代表！ さのまる 佐野丸

居住在栃木縣佐野市城下町的可愛武士。腰間佩戴著炸馬鈴薯串的寶劍、頭上戴著由佐野拉麵的碗做成的帽子，帽檐還露出一小撮拉麵瀏海。在 2013 年舉辦的各地吉祥物票選中，獲得眾多粉絲支持，勇奪第一名寶座。更有許多人為了親眼目睹佐野丸而特地造訪佐野市。佐野市有拉麵、蕎麥麵、草莓、梨子等各式名產，除了有 Outlet 可逛街購物外，觀光景點也非常多，期待大家的蒞臨。

URL：sanomaru225.com

佐野ブランドキャラクター さのまる © 佐野市

愛媛縣代表！ いまばり バリィさん® 今治 巴里桑

出生成長於有著美味烤雞肉串的愛媛縣今治市的小雞，是身高 150 公分、體重 150 公斤、腰圍 150 公分的圓滾滾身材。頭上戴著來島海峽大橋造型的皇冠，圍著毛巾材質的肚圍，帶著特別訂製的船型錢包，興趣是走到哪吃到哪，以及收集肚圍，希望讓大家都知道今治是個好地方！在 2012 年舉辦的各地吉祥物票選當中，榮獲第一名。周邊商品有布偶娃娃及甜點，非常受歡迎。

URL：www.barysan.net

©Daiichi Printing

❖ 北海道地區的吉祥物&伴手禮 ❖

美食的寶庫——北海道！使用廣袤大地所孕育的醇美牛奶和新鮮海產做的特產，已經成為日本代表性的伴手禮了！

北海道代表！ メロン熊
哈密瓜熊

因為將北海道夕張的農家弄得一團糟，並將美味的哈密瓜吃得亂七八糟而變形的熊。由於長相容易讓小朋友們感到害怕，當初還被冷凍起來，不過現在已受到各地的喜愛了。傳言被哈密瓜熊咬到頭能夠得到幸福，所以在各個活動當中，都會出現希望被咬的自願者，是不是很有趣呢？

URL：ameblo.jp/melon-kuma

⬆ 哈密瓜熊非常凶暴危險，就算發現牠的蹤跡也請不要輕易靠近！

北海道
北菓樓

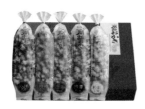

⬅ 北海道開拓御欠
（北海道開拓おかき）
昆布味、帆立貝味、
甜蝦味、秋鮭味、
花枝味 各 410 日圓

在全國的北海道物產展上，銷售量快速增加的超熱賣商品「開拓御欠」。使用北海道產糯米，花費一週時間仔細製作而成，將北海道各地的海味濃縮成多種口味。

 販售處

北菓樓砂川本店、新千歲機場店、札幌市內主要百貨公司、道內機場內伴手禮店……等。
URL：www.kitakaro.com

北海道

ROYCE'

　入口即化的「ROYCE'」生巧克力，牛奶口味非常受歡迎。這裡要特別介紹限定品「山崎 SHERRY WOOD」，是 ROYCE' 以 Suntory 的一次蒸餾威士忌「山崎 SHERRY WOOD」，混合牛奶巧克力後製成的原創商品，威士忌的深厚風味令人心醉神迷（為冷藏品，請保存於 10°C 以下）。

⬆ 左為生巧克力（山崎 SHERRY WOOD）778 日圓（冬季期間限定、數量限定商品），右為生巧克力（牛奶味）778 日圓

 販售處

北海道內機場及各伴手禮店、日本主要機場免稅店……等。
URL：corporate.royce.com

北海道

石屋製菓

⬅⬆ 美冬 6 個裝 761 日圓

　一說到北海道名產，一定會想到「白色戀人」，美冬就是由製作白色戀人的石屋製菓呈獻的另一個人氣商品。酥脆的千層派餅中夾入藍莓、焦糖、栗子等 3 種口味的奶油，外層再搭配夾心內餡，並以不同口味巧克力包覆。黃金比例滋味加上酥脆的口感，簡直絕配！

SHOP 販售處

北海道內機場、旅館賣店、伴手禮店、百貨公司、羽田機場、成田機場……等。
URL：www.ishiya.co.jp

北海道

六花亭

　以奶油葡萄夾心餅乾聞名的六花亭商品當中，我最喜歡的就屬「霜」了。烤得酥脆可口的巧克力口味派餅中間，夾入特製摩卡白巧克力奶油，別名為「用吃的卡布奇諾」。因為重量輕盈所以攜帶方便，非常適合當作伴手禮。請務必當成下午茶的點心享用。

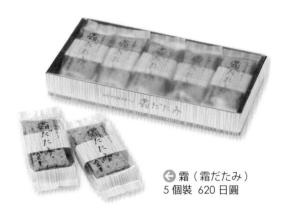

← 霜（霜だたみ）
5 個裝　620 日圓

 SHOP 販售處

北海道內主要機場、車站賣店……等。
URL：www.rokkatei.co.jp

北海道

洋菓子 KINOTOYA きのとや

← 北海道牛奶餅乾
札幌農學校（北海道ミルク
クッキー 札幌農学校）
12 片裝　540 日圓

　無論是大人還是小朋友都喜歡的溫和濃醇牛奶風味餅乾，酥脆及入口即化的雙重口感，讓人不自覺多吃好幾片，是完全發揮素材風味的北海道特有絕品。也曾於日本全國菓子大博覽會上獲得「農林水產大臣獎」。

SHOP 販售處

機場內伴手禮店、北海道內各伴手禮店……等。
URL：www.kinotoya.com

北海道

HORI

「唐黍巧克力」曾連續 5 年獲得世界食品評鑑會（Monde Selection）最高金獎的殊榮，可說是一吃就停不下來的北海道名產代名詞。其中最推薦的是夕張哈密瓜口味！酥脆的唐黍外頭裹滿了夕張哈密瓜口味的巧克力，爽口香氣及甜度恰到好處！

 販售處

北海道內各機場、飯店、北海道內百貨公司……等。
URL：www.e-hori.com

↑ 唐黍巧克力 夕張哈密瓜口味
（とうきびチョコ 夕張メロン）
10 個裝 360 日圓

北海道

donan

將牛奶糖盒做成骰子形狀，並在每個小盒子上畫上可愛的夕張哈密瓜圖案。一咬下去，富良野產哈密瓜的香甜多汁在口中擴散開來。這是用實惠價格就能買到、能夠發送給很多人的伴手禮，因為太過可愛，一不小心就會買太多呢。

販售處

北海道內機場、JR 車站賣店、觀光特產店……等。
URL：www.dounan.co.jp

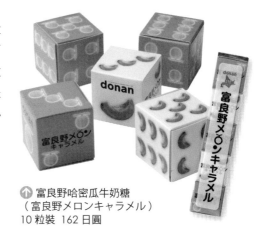

↑ 富良野哈密瓜牛奶糖
（富良野メロンキャラメル）
10 粒裝 162 日圓

❖ 東北地區的吉祥物&伴手禮 ❖

　　使用特產的蘋果以及在東北大地栽種的麵粉，是極寒之地才有的自然恩惠！嚐一口，彷彿看見了北國的風景呢。

宮城縣代表！

むすび丸
飯糰丸

宮城縣擁有日本三景之一的松島，還有藏王等地的優美景色，加上有豐富溫泉，以及竹葉魚板、牛舌、牡蠣等美味的食物，是能讓人感到幸福的地方喔。

　　宮城縣的吉祥物「飯糰丸」的頭，是以宮城生產的飽滿米粒所捏成。頭上戴著宮城代表歷史人物伊達政宗的頭盔，興趣則是睡午覺及溫泉巡禮。

URL：www.sendaimiyagidc.jp/musubimaru

仙台・宮城観光
ＰＲキャラクター
むすび丸
承認番号 26261 号

青森縣

Shiny

　　將契約果園精心栽培的蘋果，製成風味十足的 100% 青森蘋果汁。有使用產量稀少的紅玉蘋果製成略帶酸味的清爽風味「金罐」，以及使用王林蘋果製成醇和風味的「銀罐」，是常被青森縣民當成贈答用的珍貴禮品。

⬅ 金罐
（金のねぶた）、
銀罐
（銀のねぶた）
各 124 日圓

 販售處

青森縣內的特產店等。
URL：www.shinyapple.co.jp

岩手縣

齊藤製菓 さいとう製菓

細緻柔軟、口感濕潤的黃味餡，外層包裹白巧克力和蛋糕的「海鷗蛋」，是代表岩手縣南三陸的銘菓。特別推薦迷你版的商品，依照不同的季節會推出像是藍莓、栗子、草莓等不同口味，在一年當中陸續登場，十分令人期待。

⬆ 海鷗蛋
（かもめの玉子）
MINI 12 個
947 日圓

SHOP 販售處

岩手縣內伴手禮店、日本全國主要百貨公司……等。
URL：www.saitoseika.co.jp

宮城縣

阿部蒲鉾店

說到仙台的伴手禮，就會想到竹葉魚板！阿部蒲鉾店的竹葉魚板，曾於農林水產省後援的全國蒲鉾品評會上，獲頒「榮譽大賞」獎項。送入口中，魚的鮮美及風味馬上擴散，一吃就愛上！

 販售處

宮城縣內直營店、百貨公司及機場……等。
URL：www.abekama.co.jp

⬆ 竹葉魚板（笹かまぼこ 千代）1 片 154 日圓

跟著吉祥物來一場日本伴手禮之旅！

山形縣

CYBELE

洋菓子專賣店「CYBELE」的本店位於山形，店內的法國片麵包脆餅十分受到歡迎。在放入窯內烘烤之前，師傅們將一根一根的法國麵包切線，並細心地劃在正中間，因此約有一半的斷面會呈現愛心形狀，十分可愛。如此講究的法國麵包脆餅，在東京表參道也能買得到喔！

↑ 多彩法國麵包脆餅（ラスクフランス 色彩リラスク）原味、藍莓、巧克力、楓糖＋核桃、蘋果肉桂、大蒜）12 包（24 片）1080 日圓

 販售處

山形縣內店、麥工房東京青山店（表參道站 B3 出口即達）
URL：www.ruskfrance.net

秋田縣

佐藤養助商店

佐藤養助商店創業 155 年，是製作秋田名產稻庭烏龍麵的名店。是宮內省的人們喜歡的美食，並且屢獲各種食品博覽會優等獎的究極烏龍麵，滑順的口感俘虜了日本全國的民眾。無添加任何化學物品及染料，是無論誰收到都會感到高興的伴手禮。

 販售處

秋田機場、日本全國主要百貨公司、秋田縣特產店及各直營店……等。
URL：www.sato-yoske.co.jp

↑ 化妝箱裝
150gX5
3240 日圓

福島縣

NEW 木村屋

　將最上等的糯米製成粉，加入經過發酵一年以上的自家釀造醬油調味後，以長時間蒸煮而成。中間加入大量核桃，是福島的著名銘菓。Q彈的口感搭配香氣十足的胡桃，眼前彷彿浮現田園風景般，是令人懷念的滋味。

 販售處

六本木 Hills「福島屋」、八重洲福島縣觀光物產館、福島特產品店⋯⋯等。
URL：newkimuraya.com

⬆ 核桃柚餅子（くるみゆべし）10 個裝
1188 日圓

❖ 關東地區的吉祥物&伴手禮 ❖

美食的激烈戰區！有著歷史風情港町的橫濱、大都會區東京，還有世界矚目的伴手禮喔！

埼玉縣
代表！

ふっかちゃん
萌蔥

埼玉縣深谷市生產大量蔬菜及花朵，是花與蔬菜的王國！如果有機會到日本來的話，歡迎大家來玩喔！
Y(o0ω0o)Y

埼玉縣深谷市的吉祥物「萌蔥」，外表看起來像是兔子又像是鹿，頭上的角是代表當地名產深谷蔥。可愛度破表的萌蔥，在全國性的活動中也是大家爭相邀請的人氣角色，在 Twitter 上的發言也十分可愛！

URL：
www.fukkachan.com

深谷市イメージキャラク
ターふっかちゃん
承認番号 1676 号

東京都

YOKU MOKU

↑ 東京 Honey sugar　12 個裝　1080 日圓

人氣店舖 YOKU MOKU 所製作的東京限定商品。以酥脆的薄燒煎餅加上蜂蜜糖漿製成的「東京 Honey sugar」，香氣十足，煎餅上的蜂巢和蜜蜂圖案也非常可愛，勇奪東京車站限定商品最受歡迎第一名寶座！

 販售處

東京車站、東京銘品館南口店（東京百貨亦有）。

神奈川縣

ARIAKE ありあけ

到橫濱一定要吃的定番商品！薄薄的長崎蛋糕包覆含有顆粒的栗子餡製成的船型蛋糕，外表看起來小巧可愛，吃起來卻分量十足。濕潤的口感，搭配茶飲或是咖啡都很適合呢！

↑ ARIAKE HARBOUR 栗子蛋糕（ダブルマロン）
5 個裝　810 日圓

 販售處

ARIAKE 本館 HARBOUR'S MOON 橫濱、橫濱的百貨公司、新橫濱站賣店……等。
URL：www.ariakeharbour.com

千葉縣

和味米屋 なごみの米屋

將風味豐醇的花生熬煮成甘甜的內餡，再以可愛花生造型的最中餅皮包覆，建議搭配茶飲一同享用。曾獲得全國菓子大博覽會名譽總裁獎及其他無數獎項，是十分熱賣的商品。在 JR 成田站前店也能買到，如果有機會經過成田車站，請務必買來嚐嚐看。

 販售處

成田山參道和味米屋本店、成田山參道附近伴手禮店、成田機場……等。
URL：www.nagomi-yoneya.co.jp

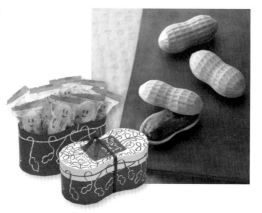

↑ 花生最中（ぴーなっつ最中）8 個裝　1080 日圓

埼玉縣

彩果寶石 彩果の宝石

　發源於埼玉縣，完整保留各種水果的美味，並裹滿上等砂糖製成的水果軟糖，非常受到年長女性的喜愛，百貨公司中的店舖也總是門庭若市。每個口味的軟糖都做成該種水果的造型，放在一起像是五顏六色的寶石一般。

 販售處

日本全國三越百貨公司。
URL：www.saikano-hoseki.jp

⬆ Variety 15 種　袋裝　486 日圓

栃木縣

城山製麵

　主要販售於栃木縣佐野市的「佐野拉麵」，近年來被當成「關東地區的在地拉麵」而備受討論。城山製麵的佐野拉麵，以名水百選的地下水及最高等級的麵粉為原料，並以清爽的醬油口味湯頭搭配手工揉製的卷曲麵條，非常美味。是就算在家中也能享用道地口味的拉麵！

 販售處

東京晴空街道特產品店「栃丸 SHOP」（とちまるショップ）、佐野市觀光物產會館。

⬆ 佐野生拉麵（佐野生ラーメン）4 份裝
700 日圓

群馬縣

清月堂

　　群馬縣的代表銘菓。據說創業當時，是僅
以礦泉水及麵粉製作的薄燒煎餅，戰後因為
西洋點心風潮興起，因此塗上聖誕蛋糕上的
奶油販售，沒想到大受好評。酥脆的口感讓
人能吃出礦泉煎餅的風味，加上令人懷念滋
味的濃醇奶油，是無論哪個世代都會喜歡的
人氣商品。

 旅鴉（旅がらす）16 枚入　1286 日圓

 販售處

群馬縣內伴手禮店、日本全國主要百貨公
司……等。
URL：www.seigetsudo.co.jp

茨城縣

木內酒造

　　加入芫荽、乾燥橘皮等香料製成的比利時
傳統麥啤酒，於日本國內各種競賽中皆獲得
最高榮譽的金獎，在世界最大的啤酒競賽
「World Beer Cup」中，也曾 2 度榮獲金獎，
在英國最大的啤酒競賽中更獲得綜合部門的
冠軍。口感清爽非常好入喉，女性也能輕鬆
入口。而曾於日本最大的梅酒競賽「天滿天
神梅酒大會」中，榮獲最高榮耀的極品梅酒。
滑順好入口又帶著梅子的清香、甘醇的味道，
是讓人心醉神迷的絕品。

木內梅酒 ➡
500ml
1080 日圓

⬅ 常陸野
NEST BEER
White Ale
330ml
400 日圓

Photo by Sadamu Saito

 販售處

日本全國百貨公司、酒販店……等。
URL：www.kodawari.cc

跟著吉祥物來一場日本伴手禮之旅！

❖ 中部地區的吉祥物&伴手禮 ❖

　　位於日本列島的中央位置，中部地區大量使用豐富的農產品，以單純的原料展現樸實溫和的滋味，還有全日本超市都能買到的超熱門伴手禮！

アルクマ
散步熊

請大家一定要來
欣賞長野四季更迭的
優美風景！

URL：arukuma.jp

　　棲息於長野縣的珍稀熊種。為了宣傳信州的魅力而在日本國內積極地巡迴奔走。明明是熊卻很怕冷，所以總是帶著帽子，背上則總是揹著後背包。帽子和背包，可算是散步熊的註冊商標。

長野県 PR キャラクター
「アルクマ」
© 長野県アルクマ

新潟縣

浪花屋製菓

　　提到柿種米果的元祖，就會想到已持續製作柿種米果長達 90 年的浪花屋製菓。使用日本國產糯米製作，芳香微辣的滋味讓人停不下來！你知道柿種米果誕生的過程嗎？其實，原本是要做成橢圓金幣形狀的霰餅，但一不小心弄碎了，直接使用碎裂材料製作的米果，形狀看起來就像是柿子的種子一樣。是不是很有趣呢？

⬅ 柿種米果進物罐
（柿の種進物缶）
27gX12 袋
1080 日圓

SHOP 販售處

新潟縣內迤主要車站賣店、伴手禮店、新潟機場、成田機場、日本全國主要百貨公司……等。
URL：www.naniwayaseika.co.jp

富山縣

日の出屋製菓

以被稱為「富山灣寶石」、帶有清爽味道的白蝦，所製成的蝦風味煎餅。使用 100% 富山產的稻米，高雅的鹽味加上白蝦的風味，好吃到一吃就停不下來，是非常受歡迎的伴手禮。

↑ 白蝦紀行（しろえび紀行）17 袋裝　864 日圓

 販售處

富山機場、大和富山店、高岡店、IKIKI 富山館（東京交通會館內）……等。
URL：www.sasaraya-kakibei.com

石川縣

豆屋金澤萬久　まめや金澤萬久

將石川縣產的有機大豆製成炒豆子，再使用梅子，以及能登產的鹽製成的「鹽蜜」調味，呈現紅、白二色的外表十分吉利。放進手工繪製的豆形紙容器「豆箱」中，可送給重要的人！店內展示各式各樣的造型豆箱，適合做為伴手禮。

↑ 紅白豆　864 日圓

 販售處

金澤百番街，MEITETSU M'ZA、香林坊大和、東京晴空街道®、GRANSTA（東京站）、松屋銀座……等。
URL：www.mameya-bankyu.com

福井縣

團助

　福井縣的曹洞宗大本山永平寺的僧人，連續三代都鍾愛的貢品「芝麻豆腐團助」。沿襲古法，費時費工才能製成，黏稠濃厚的黑芝麻豆腐及香醇風味的白芝麻豆腐，在口中散發的濃厚芝麻風味，讓人大呼滿足。

 永平寺御用達
芝麻豆腐綜合禮盒
（ごまどうふ詰合せ）
2160 日圓

 販售處

團助直營店。
www.dansuke.co.jp

山梨縣

桔梗屋

　「桔梗屋」是製作山梨有名的代表銘菓
——桔梗信玄餅的老字號和菓子舖，以桔梗信玄餅為原型，創造出多種甜點而備受矚目。當中最受歡迎的就是「桔梗信玄生布丁」。新鮮生奶油搭配黃豆粉的香氣，讓人口齒留香。於 2015 年榮獲由日本國土交通省觀光廳舉辦的伴手禮大賞冠軍殊榮。每次在店面只要一擺出來，立即銷售一空。

↑ 桔梗信玄生布丁（桔梗信玄生プリン）6 個裝
1458 日圓（需冷藏）

販售處

桔梗屋東治郎、花菓亭、黑蜜庵、富士之國山梨館。
URL：www.kikyouya.co.jp

172

長野縣

田中屋

↑ 雷鳥之里（雷鳥の里）16 個裝　929 日圓

以長野縣縣鳥——雷鳥的優美形態為藍圖製成，是販售 40 年來持續受到大家喜愛的信州伴手禮。以麵粉製作的歐風煎餅與奶油層層交疊，譜出酥脆口感及醇和滋味。甜度適中，是適合全家大小一同享用的伴手禮。

 販售處

長野縣內主要特產店、車站內特產店、休息站……等。
URL：www.raicyonosato.jp

岐阜縣

SUYA　すや

↑ 栗金團（栗きんとん）
6 個裝　1468 日圓（保存期限 4 天，請儘早享用）

以嚴選栗子及砂糖當成原料，全程以手工製作，從樸實的原料中能看出點心師傅的純熟技術，以及對材料的堅持。在高雅的味道中，能享受栗子原有的自然風味。因為限定在 9 月～1 月間販賣（根據栗子收穫量而變動），是讓日本全國人民都引頸期盼秋季到來的人氣商品。

 販售處

直營店、日本主要百貨公司。
URL：www.suya-honke.co.jp

跟著吉祥物來一場日本伴手禮之旅！

愛知縣

松永製菓

⬆ 紅豆夾心餅
（スターしるこサンド）
110g　172 日圓

將拌入北海道產紅豆、蘋果果醬、蜂蜜等材料的內餡，包入餅乾當中，製成具有 3 層構造的小點心。是生長在以愛知為首的東海地區人民，從小吃到大的熟悉口味。近來人氣逐漸攀升，變成全國性的人氣點心。樸實且溫和的甜味，讓人忍不住食指大動。

🏔 SHOP 販售處

日本全國超市。
URL：www.matsunaga-seika.co.jp

靜岡縣

春華堂

受到全日本喜愛的靜岡縣濱松銘菓「鰻魚派」，派皮以鮮奶油、嚴選素材加上鰻魚萃取物、大蒜等調味料製成，香氣四溢的奶油酥脆口感，是只有熟悉鰻魚派的師傅才能呈現的美味。

🏔 SHOP 販售處

鰻魚派工場（うなぎパイファクトリー）春華堂直營店、遠鐵百貨店、新特麗亞名古屋中部國際機場、JR 濱松站賣店。
URL：www.shunkado.co.jp

⬆ 鰻魚派（うなぎパイ）16 片裝　1284 日圓

❖ 近畿地區的吉祥物&伴手禮 ❖

近畿地區包括了京都、大阪等，也稱為「關西地區」，擁有深厚的日本歷史，也是洋菓子的發祥之地，就像是日本的寶藏箱！

關西有好多便宜又好吃的東西，一定要來玩啊！(^O^)／

滋賀縣

TANEYA たねや

「富久實天平」為和菓子名店「TANEYA」的代表銘菓。將香氣十足的最中餅皮，與加入求肥的內餡分開包裝，吃之前再將內餡夾起享用，是可享受 DIY 樂趣的美味最中餅。推薦搭配茶飲一同享用。

← 富久實天平
（ふくみ天平）
6 個入
1080 日圓

SHOP 販售處

日本全國主要百貨公司。
URL：taneya.jp

大阪府

Faithwin フェイスウィン

以關西地區為首，人氣急速上升中的美乃滋御欠，由於對使用的素材十分講究，只要嚐過一次就停不下來！因為太受歡迎，所以也開始出現與日本各地特產、觀光地共同合作的限定版美乃滋御欠。由美乃滋發想而出的吉祥物「MAYO」，是這項產品的代表圖案。在旅途之中，會遇到哪一個「MAYO」呢？可以到官方網站上確認一下喔！

← 大阪限定美乃滋御欠
（大阪限定マヨおかき）388 日圓

SHOP 販售處

JR 大阪站內、新大阪站內、通天閣內特產店、Little 大阪（UNIVERSAL CITY WALK 店．道頓堀店）。
URL：www.faithwin.com

兵庫縣

TORAKU

神戶自古以來一直是西洋文化的窗口，在這樣的神戶中，有著高人氣的伴手禮布丁。雞蛋與濃郁生奶油，加上柑橘系利口酒的清爽風味，譜出絕妙的和弦，讓人忍不住就想再吃一個。由於攜帶方便，很適合買來當成伴手禮。

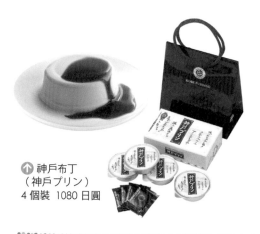

 神戶布丁
（神戶プリン）
4 個裝　1080 日圓

 販售處

新神戶站 Entrée Marché、神戶機場、神戶 Brand、新大阪站等
URL：www.kobepudding.com

京都府

OTABE　おたべ

受歡迎的「OTABE」生八橋變身成蛋糕！抹茶口味的生八橋，中間加入黑豆餡的抹茶巧克力及蛋糕，是 Q 彈有嚼勁又帶著濕潤口感的創新甜點。大量使用京都宇治的老字號茶舖「森半」的宇治抹茶，是讓口中飄散正統抹茶香氣的絕品。

 販售處

京都站、市內觀光地、關西國際機場……等。
URL：www.otabe.kyoto.jp

 京町家蛋糕（京町家ケーキ）6 個裝　1166 日圓

MALEBRANCHE

「濃茶貓舌餅乾」是京都伴手禮中最有人氣的網路熱門美食。在濃茶口味的貓舌餅乾當中，夾入特製的白巧克力夾心，創造出奢侈的口感。「濃茶」可嚐出抹茶本身帶有的甜味，是所有茶葉當中最高級的一種。一口咬下茶香四溢，與白巧克力恰到好處的甜味簡直絕配。

⬆ 濃茶貓舌餅乾 茶之菓（お濃茶ラングドシャ茶の菓）10 片裝 1360 日圓

SHOP 販售處

MALEBRANCHE 北山本店、清水坂店、嵐山店、京都市內主要百貨公司……等。
URL：www.malebranche.co.jp

YOSHINOYA
よしのや

以高品質的吉野本葛提煉製成的「吉野葛餅」。請搭配濃醇卻帶著清爽甜味的黑蜜，及芳香可口的京黃豆粉一起享用。滑順好入喉且口感 Q 彈，冰過之後更加美味。依據不同季節，會將包裝紙上的圖案更換成相應的奈良風景及年度活動，是代表奈良的最佳伴手禮。

⬆ 吉野の葛餅
（黑蜜、京黃豆粉）
330g 972 日圓

SHOP 販售處

奈良縣內飯店、JR 奈良站、近鐵奈良站、東大寺博物館店、奈良 MAHOROBA 館（東京）、ecute 東京店（ニッコリーナ）。
URL：honkuzu.com/

跟著吉祥物來一場日本伴手禮之旅！

和歌山縣

福菱

　餅皮的外層表面酥脆內層柔軟，中間夾入帶有溫和甜味的奶油，含入口中立刻化開！和歌山銘菓「陽炎」十分好入口，不論是誰都能安心享用，是非常受歡迎的伴手禮，亦曾榮獲全國菓子大博覽會厚生勞働大臣獎等無數獎項。

 陽炎（かげろう）10 個入　1080 日圓

🗻 販售處

福菱本店（有折扣優惠）、關西機場、JR 和歌山站附近、白濱各飯店及特產店……等。
URL：www.fukubishi.co.jp

三重縣

伊勢藥本舖

 萬金飴　100g（單獨小包裝）約 18 個裝 395 日圓

　為擁有 600 年歷史的傳統腸胃藥「萬金丹」的「伊勢藥本舖」所製作的商品。以沖繩黑糖加上阿仙藥、甘草、桂皮等製成風味豐醇的黑飴，能改善喉嚨不適的症狀，所以回購者很多。使用的材料對身體很好，推薦送給喜歡中藥的阿公阿嬤等長輩。在前往伊勢神宮參拜時，也可順便買來當成禮品。

🗻 販售處

三重縣伊勢附近特產店、飯店販賣店、伊勢神宮內宮前店舖、三重 TERRACE（東京）……等。
URL：isekusuri.co.jp

❖ 中國地區的吉祥物＆伴手禮 ❖

　　包括了日本本島西部的山陰及山陽地區，擁有日本海及瀬戸內海的恩惠之地！這裡有日本人最愛的桃太郎伴手禮，還有受到全世界矚目的極品酒喔！

山口縣代表！

ちょるる
CHORURU

中國地方有風平浪靜的瀬戶內海、波濤洶湧的日本海、豐富充裕的山脈等，還有各式美味小吃。請大家一定要來玩喔！

　　頭的形狀是「山」，臉是「口」，「CHORURU」是山口縣的宣傳本部長。個性有點害羞又帶點迷糊，每天都為了宣傳山口縣的魅力而努力著。因為山口方言在語尾會加上「CHORU」，故以此命名，特殊技藝是送飛吻及舞蹈。

URL：choruru.jp

© 山口県 #26-546

岡山縣

山脇山月堂

⬆ 桃太郎傳說 15 串裝
880 日圓（日圓）

　　將大家所喜愛的岡山代表英雄人物「桃太郎」的吉備糰子，製成可愛的伴手禮。由名店「山協山月堂」製作的桃太郎傳說，曾於全國菓子大博覽會榮獲榮譽大賞。包裝袋上畫上桃太郎的圖案，每串都仔細地用竹籤串上，充滿黃豆粉香氣。

SHOP　販售處

JR岡山站、倉敷站、福山站、岡山縣內特產店，以及岡山機場、美觀地區內販售店……等。
URL：www.dango.co.jp

跟著吉祥物來一場日本伴手禮之旅！

島根縣

Patisserie Cuire

由島根縣的超人氣洋菓子店「Patisserie Cuire」，以樹莓及熱帶水果等，製成柔軟卻多汁的棉花糖。使用紅色、白色的棉花糖及紅線來表現結緣，是網路訂購的話題商品。邊想著心中在意的那個人，邊將棉花糖塞進嘴裡，說不定會發生什麼好事喔！

 販售處

島根縣松江市片原町 107（ OPEN10:00 ～ 19:00，週二公休）。
URL：www.patisserie-cuire.com

↑ 松江結緣棉花糖（江緣結びマシュマロ）1000 日圓

山口縣

果子乃季

累積生產數量達一億，25 年來持續受到喜愛的山口縣伴手禮代表。柔軟蓬鬆的蒸長崎蛋糕，堅持使用山口縣產雞蛋、牛奶、當地名水，以及其他在地新鮮素材為原料，內餡是加入嚴選日本產栗子的醇和奶油，是帶著懷念風味的溫和點心。

 販售處

山口縣內分店、山口縣內主要 JR 站、高速公路 SA、OIDEMASE 山口館……等。
URL：hwww.kasinoki.co.jp

↑ 栗子蒸蛋糕（月でひろった卵）6 個裝
1200 日圓

廣島海苔

說到廣島就會想到牡蠣！將營養價值高的牡蠣精華，於製作海苔調味時加入，能隨時攝取海苔及牡蠣的營養。因為是製作海苔的老字號店舖商品，不論口感或味道都無可挑剔。因為過於美味，一不小心就會吃太多。

牡蠣醬油調味海苔
（かき醬油味付けのり）
486 日圓

SHOP 販售處

廣島縣內量販店、百貨公司、車站、特產店
……等。
URL：www.hiroshimanori.co.jp

寶月堂 宝月堂

以鳥取砂丘的砂為概念，曾於鳥取縣特產品競賽中榮獲最優秀獎，據說包裝上以鳥取砂丘為中心的風景插畫，是店主自己親手描繪的。白色包裝為將數種砂糖混合和三盆糖的口味，黑色包裝為數種砂糖混合鹿野町產生薑的口味。有著高雅的甜味及發酵奶油的微香，入口後粉末紛落的口感，實在令人回味無窮。

↑ 砂の丘 白帶（和三盆糖）540 日圓
黑帶（生薑）648 日圓

SHOP 販售處

鳥取縣東部、JR 車站、砂之美術館販賣店、主要百貨公司、特產店……等。
URL：hougetsudou.jp

跟著吉祥物來一場日本伴手禮之旅！

山口縣

旭酒造株式會社

將最高級的酒米——山田錦研磨至只取23%的精華部分，釀造成的純米大吟釀。香氣撲鼻、好入喉的口感加上細緻的味道，是充滿話題性的最高等級日本酒，連國外的愛好者們也念念不忘的極品，若遇到請務必試試看。

獺祭　純米大吟釀
二割三分（磨き二割三分）
720ml 5142 日圓、
180ml 1458 日圓
（盒裝、木盒裝價錢另計）

 販售處

日本全國主要百貨公司，以及成田、羽田、千歲、福岡機場免稅店。
URL：www.asahishuzo.ne.jp/cn/

廣島縣

Nishiki 堂　にしき堂

⬆ 楓葉饅頭（もみじ饅頭）15 個入 1390 日圓

仿造廣島縣縣樹——楓樹的楓葉形狀為造型的饅頭。採用北海道十勝產的嚴選紅豆，及日浦山湧水的名水所製作成的內餡，再以烤得胖呼呼的長崎蛋糕包覆。因為不會太甜，一不小心就會一口接一口停不下來。Nishiki堂也是廣島最受歡迎的菓子舖。

販售處

廣島機場、廣島縣主要百貨公司、高速公路SA、廣島縣內 JR 車站賣店……等。
URL：nisikido.co.jp

❖ 四國地區的吉祥物&伴手禮 ❖

　　四面環海的四國地區擁有豐富的食材，像是柑橘類、鳴門金時番薯以及烏龍麵等，都十分具有代表性喔！

高知縣
代表！

しんじょう君
水獺君

四國有豐富的
自然寶藏與許多美味的食物☆
巡拜四國八十八箇的四國遍路，
也很受到觀光客歡迎喔☆
大家記得來玩！

　　以瀕臨絕種的日本川獺設計成的高知縣須崎市吉祥物。一邊進行川獺朋友的探訪之旅，一邊宣傳須崎市。非常擅長跳舞，開心時會將鍋燒拉麵外型的帽子脫下丟開。據說摸了他的肚臍可以獲得幸福。

URL：www.city.susaki.lg.jp/sinjokun/

香川縣

MORI 家 　もり家

↑ 讚岐半生烏龍麵（讚岐半生うどん）
220g 540 日圓

　　代表香川縣的讚岐烏龍名店「MORI 家」。想在店裡吃一碗滑溜有嚼勁的讚岐烏龍麵，必須排隊 2 個小時，不過現在在家裡就可享受了！半生烏龍麵保存期限可達 3 個月，還附上高湯醬汁，不論是煮成湯麵或是沾麵都很方便。

SHOP　販售處

MORI 家總店、REOMAWORLD、栗林公園、高松三越……等。
URL：www.mori-ya.jp

跟著吉祥物來一場日本伴手禮之旅！

愛媛縣

田那部青果

以溫州蜜柑、甘夏、伊予柑等愛媛縣產柑橘類製成的奢侈果凍，共有 25 種，由於配合果實收成狀況，所以並非在所有店舖都能購買到。不添加任何防腐劑及香料，能品嚐到天然、完整且完熟的水果美味。

 販售處

松山機場、城山橫丁（松山城纜車街站對面）、阪急梅田本店、ecute 東京……等。
URL：www.e-mikan.co.jp

↑ Chuchu 果凍（ちゅうちゅうゼリー）
324 日圓（每家店舖販賣商品各有不同）

香川縣

名物 Kamado　名物かまど

來自瀨戶內海鹽田的鹽釜，香川的代表銘菓。外皮鬆軟香氣十足，內餡大量包入嚴選大手亡豆（菜豆）製成的濕潤豆蛋餡。圓滾滾可愛形狀的 Kamado 是香川不可或缺的名產，長年以來一直受到大家的喜愛，十分適合搭配茶飲。

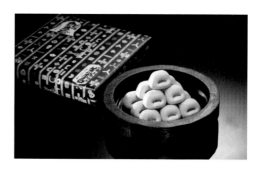

↑ 名物 Kamado（名物かまど）12 個裝
1015 日圓

 販售處

高松機場、香川縣內主要站……等。
URL：www.kamado.co.jp

高知縣

芋屋金次郎

特選炸地瓜條
（特撰芋けんぴ）
80g 230 日圓

土佐人從小吃到大的薯製點心「炸地瓜條」（芋けんぴ）。專賣炸薯條點心的「芋屋金次郎」所製作的「特選炸薯條」，總是讓東京日本橋的店舖大排長龍。依照古法炸製而成，能嚐到樸實的原味，請務必嘗試看看。

SHOP 販售處

COREDO 室町 2（東京三越前站）、直營店⋯⋯等。
URL：www.imokin.co.jp

德島縣

IL RÒSA

德島名產「鳴門金時」是日本番薯中最具代表性的品種。洋菓子名店 IL RÒSA 的鳴門金時 Potallete，是網路訂購的熱門商品。原料採用嚴選鳴門金時番薯，加上奶油、雞蛋、生奶油等，混合後固定在派皮麵糰上烤製而成。能吃到番薯真正的口感，香氣十足。

 販售處

德島阿波舞機場、SOGO 德島店⋯⋯等。
URL：www.ilrosa.co.jp

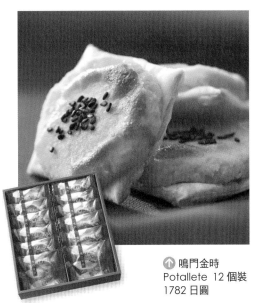

鳴門金時
Potallete 12 個裝
1782 日圓

跟著吉祥物來一場日本伴手禮之旅！

Utsubo 屋　うつぼ屋

 少爺糰子（坊っちゃん団子）12 串裝　1080 日圓

在夏目漱石小說《少爺》中出現的愛媛縣代表銘菓「少爺糰子」。是道後溫泉本館進貢給宮廷的和菓子，抹茶、蛋黃、紅豆等 3 色餡當中包著麻糬，外表看起來色彩豐富，吃起來則有著令人懷念的滋味。

SHOP　販售處

愛媛縣內百貨公司、松山機場、松山站販賣店、松山觀光港……等。
URL：www.utuboya.co.jp

❖ 九州、沖繩地區的吉祥物&伴手禮 ❖

江戶時代唯一的對外貿易點長崎、擁有獨特文化的沖繩、熱鬧繁華的福岡……九州擁有非常多歷史久遠的老店舖，還有許多懷舊伴手禮！

鹿兒島縣代表！

イーサキング
伊佐國王

請務必前來魅力滿點的九州遊玩啊！

用傲慢的表情來推廣鹿兒島縣伊佐市的魅力之處，與眾多的吉祥物型態略有不同的伊佐市吉祥物「伊佐國王」，受到眾人愛戴及尊敬，不愧是帝王般的存在呀，十分受到電視節目、雜誌、廣告等的歡迎。傳聞只要摸了國王頭上的金塊，心願就能實現喔！

URL：isaking2013.jp

©2013 isaking

福岡縣

福太郎

⬆ 明太子煎餅（めんべい）2片裝 X 16 包
1000 日圓

辛味明太子口味的煎餅「明太子煎餅」，是擁有眾多回購者的博多代表伴手禮。微辣的口味及略帶麻感的後勁，讓人一吃就愛上。原料除了使用明太子之外，也使用花枝及章魚等海鮮，讓味道更加濃郁美味。不論是當成點心或是下酒菜都非常適合。其他也有美乃滋口味、辣味等不同系列的口味。

 販售處

天神 TERRA、博多 DEITOS、福岡機場、博多站……等。
URL：www.fukutaro.co.jp

跟著吉祥物來一場日本伴手禮之旅！

佐賀縣

鶴屋

於佐賀城下町創業至今 370 年的老字號店舖「菓子舖鶴屋」。第 2 代店主向當時訪日的荷蘭人習得製作方式，後代加以改良後，將製作方式傳承至今的「元祖丸房露」，是代表佐賀的銘菓。使用嚴選素材，傳承古法一個一個以手工製作。恰到好處的甜度、樸實的滋味與雞蛋的溫和風味，在口中擴散，讓人大呼幸福。

⬆ 元祖丸房露
5 個裝
378 日圓

🏠 SHOP 販售處

總店、佐賀站店……等。
URL：www.marubouro.co.jp

長崎縣

松翁軒

創業於 1681 年，擁有 300 多年歷史的長崎蛋糕老字號店舖。以每天清晨送達的新鮮雞蛋、高純度粗砂糖、日本產麥芽糖為原料，以講究的製作方式烤製出濕潤鬆軟的長崎蛋糕，在長崎當地也大獲好評。除了原味外，也有濃厚的巧克力口味、使用宇治玉露與煎茶製作的抹茶口味。

⬆ 各種口味長崎蛋糕（カステラ）0.6 號
1188 日圓／條

🏠 SHOP 販售處

松翁軒總店與分店、長崎機場、福岡機場、佐賀機場……等。
URL：www.shooken.com

熊本縣

清正製菓

　日本三大名城之一的「熊本城」，因為城內栽種很多銀杏，故有「銀杏城」之稱，而銀杏派就是以銀杏葉為造型的酥脆派餅。咬下一口，新鮮奶油香味立即在口中擴散。加入祕方銀杏粉，為派餅增添另一種獨特的風味。高雅的甜味與香氣，無論是哪個年齡層的人都會喜歡。

⬆ 熊本城 銀杏派（いちょうパイ）
12 枚裝 1296 日圓

🏔 **SHOP** 販售處

熊本機場、熊本城附近特產店、JR 熊本站、鶴屋百貨店。
URL：kiyomasaseika.jp

大分縣

ZABIERU 本舖　ざびえる本舖

　為紀念於 1551 年造訪大分縣，並留下許多卓越功績的傳教士聖方濟・沙勿略（San Francisco Javier），而設計出融合和式與西式的點心，在散發芳香奶油香氣的麵糰中包入純和風的白餡，還有加入以萊姆酒浸漬過的葡萄乾，共有 2 種口味。50 多年來持續受到大家喜愛，時尚的包裝也受到矚目。

⬆ 沙勿略（ざびえる）18 個裝 1620 日圓

🏔 **SHOP** 販售處

TOKIWA 百貨公司、JR 九州伴手禮店、大分機場、日本全國主要百貨公司……等。
URL：www.zabieru.com

宮崎縣

神樂之里 かぐらの里

位於宮崎縣內柚子生產地「銀鏡」的「神樂之里」所製作的柚子醬油，有著讓人驚訝的美味！以用心栽種出來的柚子所做出的清爽口味，淺嚐一口，猶如感受颯爽的山風吹拂一般，可說是最高級的柚子醬油。只要試過一次，就會覺得其他的柚子醬油少了點什麼似的。

柚子醬油
（ゆずポン酢）360ml
540 日圓

SHOP 販售處

宮崎機場、宮崎縣物產館、新宿宮崎館等。
URL：www.mera-yuzu.com

鹿兒島縣

薩摩蒸氣屋

↑ 輕羹饅頭（かるかん饅頭）8 個裝　1026 日圓

大量使用山藥蒸製而成，口感鬆軟濕潤的薩摩傳統銘菓「輕羹」（かるかん）。中間包裹著日本產紅豆餡的「輕羹饅頭」，是非常受歡迎的鹿兒島伴手禮。可享受完整發揮山藥風味的輕羹獨特口感。

SHOP 販售處

JR 鹿兒島中央站店、鹿兒島機場、博多阪急……等。
URL：www.jokiya.co.jp

新垣菓子店

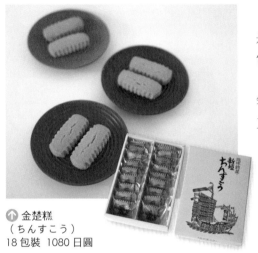

沖繩最有名的伴手禮非「金楚糕」莫屬，是擁有 400 年悠久歷史的點心。在眾多店舖當中，最美味且最受好評的就是老字號名店「新垣金楚糕」了。使用麵粉、砂糖、豬油等簡單材料，有著樸實的溫和好滋味，鬆軟又酥脆的口感只要吃一口就停不下來。

↑ 金楚糕
（ちんすこう）
18 包裝　1080 日圓

SHOP 販售處

新垣菓子店（5 店舖）、國際街特產店、那霸機場……等。
URL：www.chinsuko.com

© 深谷市

你知道吉祥物是怎麼來的嗎？據說，日本人認為不只是大自然，生活中的所有物品都可能會有神靈棲息於其中，因此習慣將東西加以擬人化。另外，也由於近年來日本經濟低迷，許多地區因此設計出行銷用的吉祥物角色，像是有頭上長著特產的蔥的吉祥物、戴著烏龍麵帽子的吉祥物等，這些易懂又可愛的各地吉祥物成功吸引大家的注意、帶動地方觀光，非常活躍！你最喜歡哪個吉祥物呢？

跟著吉祥物來一場日本伴手禮之旅！

番外編！加油啊，全日本的逗趣吉祥物

　　各地吉祥物在日本掀起一陣熱潮，其中也出現一些「有點怪怪又有點可愛」的吉祥物，或是看起來充滿無力感的角色。讓人看一眼就印象深刻，衝擊性十足！

岡左衛門（オカザえもん）

　　臉上寫著「岡」，身上寫著「崎」，是愛知縣岡崎市的吉祥物。本名為岡崎衛門之介，最初只是插畫圖案，當其實體化變成真人吉祥物登場時，讓全日本的國民都覺得非常驚愕，可說是怪怪吉祥物中的先驅者。據說「本人」離過一次婚，更讓人驚訝的是竟然還有一個孩子。

URL：okazaemon.co

城堡機器人（お城ロボ）

　　以岐阜城為原型誕生，各地吉祥物的最終兵器！3 公尺 55 公分的巨大模樣，一點也不像普通的吉祥物呢。特技是走路及橫著走，在各地吉祥物集結的活動上，雖然拍照時總是因為太巨大而被安排在最後，還是很有存在感。在全國的小朋友中，人氣很旺。

URL：graphmary.com/oshirorobo.html

納豆妖精黏黏君（ねば～る君）

　　讓人想不注目也難的吉祥物登場！為了行銷茨城名產納豆而誕生的「納豆妖精黏黏君」，是茨城縣非官方的吉祥物。父親是黃豆，母親是納豆菌，可從嘴巴伸出延伸好幾公尺的舌頭。聽到有人說出「噁心」等冷淡的話語時，會忍不住流下眼淚，但聽到有人說「最喜歡納豆了」時，會高興地長到3公尺以上，溫柔且甜美的聲音讓民眾著迷。官網中以幽默好笑的動畫介紹納豆食譜，意外地有效果。

URL：nebaarukun.info

©大洗町

ARAIPPE（アライッペ）

　　身體覆蓋著的一條條生物是特產鮣仔魚，嘴巴由蛤蜊構成，是首次現身就讓全國網友嚇呆的茨城縣大洗町代表吉祥物。長寬2公尺的巨大身材靠近時，雖然有些小朋友會因此嚇哭，但是被他慢慢移動過來的樣子給迷住的人也不在少數。據說因受傷漂流到大洗的海邊時，受到當地漁民的幫助，為了報恩才肩負起行銷大洗魅力的重責大任。

URL：www.oarai-info.jp

侵略者 USASAMA うささま

以「侵略」茨城縣龍崎市佐貫車站西口，及為地方「帶來活力」而登場的吉祥物。在電視節目中被票選為「噁心吉祥物 No.1」，鬆懈的外貌讓人不禁懷疑他是否有幹勁。已成功以武力鎮壓商店街，據說最終目標是全宇宙。

象頸鹿 ゾウキリン

埼玉縣新座市的形象吉祥物「象頸鹿」，外表看起來像是大象，身體上的花紋又像是長頸鹿的不可思議生物。療癒系的外型讓人想多多親近，據說因為新座市的雜木林住起來很舒適，所以住在裡面。官方網站上有以「週刊象頸鹿」為主題的動畫，可以觀賞喔。

URL：www.niiza.net/zoukirin/

© 新座市 2010

UZULUCKY うずラッキー

為了行銷豐橋產的鵪鶉蛋與鵪鶉肉的幸運鵪鶉「UZULUCKY」，職業是愛知縣豐橋市的農業營業本部長。年紀是永遠的 4 歲，個性天真爛漫喜歡惡作劇，非常怕冷，容易與人打成一片。第一眼看到可能會對這謎樣的外表感到疑惑，但慢慢地愈看愈覺得可愛呢。

URL：www.city.toyohashi.lg.jp/7519.htm

老虎老爹（とらとうちゃん）

　受到大阪玉造地區喜愛的非官方吉祥物「老虎老爹」，是離開家人隻身前往玉造工作的謎樣上班族，專長於忘年會表演，平日會在玉造周邊閒逛，據說會偷偷販售暗藏在公事包中的道具商品。為了帶給玉造區活力而努力奮鬥中！

URL：www.tora-tochan.net

©SHIKATOKINOKO,Coma

⬆ 為宣傳消滅銀行匯款詐欺的活動，演出凶惡犯人的哈密瓜熊，不知怎麼地看起來有點悲傷。

　近幾年來日本掀起一陣吉祥物風潮，有些吉祥物還出現狂熱粉絲，受歡迎的吉祥物所開設的 Twitter 帳號，甚至有超過100 萬人追蹤，簡直跟明星偶像沒什麼兩樣。不過，當吉祥物一點也不輕鬆喔。扮演吉祥物的人時常受到矚目，要是有不恰當的發言，甚至會被停職處分呢！聽說某縣還因為亂創太多吉祥物，而進行吉祥物的整

理——為了生存，吉祥物們每天都努力地奮鬥著，像是在電視節目上進行高空彈跳，或弄得滿身泥濘等等，非常辛苦。請大家給這些為了行銷各地、每天含淚努力的吉祥物們一些掌聲吧（其實我以前當過北海道其中一個吉祥物，裡面很臭而且很重，真的非常辛苦）！

東京
ANTENA SHOP
指南

JR 東京車站周邊，集結了販售各都道縣府伴手禮的特產直銷商店。只要走路，就能擁有環繞日本一周的特產品之旅喔！

銀座熊本館

東京交通會館

晴海通り

有樂町

外堀通り

銀座NAGANO

MARUGOTO高知

銀座柳通り

銀座

みゆき通り

松屋通り

群馬醬家

東銀座

松屋銀座

銀座三越

岩手銀河PLAZA

※ 本書中所提及的各都道府縣商品，店內並非時時都有販售。

丸の内中央口

丸の内南口

東京車站

八重洲口

福島縣八重洲
觀光交流館

外堀通り

八重洲通り

京都館

北海道FOODIST

CHÉ

橋

大丸東京店

永代通り

日本橋島根館

OIPEMASE山口館

三越前

日本橋

美味山形PLAZA

日本橋高島屋

富士之國山梨館

奈良MAHOROBA館

中央通り

首都高速道路

SHOP

跟著吉祥物來一場日本伴手禮之旅！

銀座熊本館

開幕超過 20 周年，店內販售的黃芥末蓮藕、包入番薯與紅豆餡的「即食糰子」（いきなりだんご）等商品十分受到歡迎，也有許多在亞洲人氣飆升的熊本代表吉祥物「KUMAMON」的相關商品。此外，2 樓設有能夠品嚐球磨燒酒（米燒酒）的酒吧，可搭配下酒菜等名產，飽嚐來自熊本的美味。

ADD：東京都中央区銀座 5-3-16

ADD：東京都中央区銀座 5 丁目 6-5
NOCO ビル 1F

銀座 NAGANO

位於東京銀座正中央的鈴蘭通，木質外觀讓人印象深刻。1 樓展售維持長野縣縣民健康長壽的傳統食品、蔬菜水果，以及獲得世界高評價的紅酒、日本酒等。吧檯區域能品嚐使用當季食材製作的 One plate 料理，2 樓則不定期舉辦長野縣食文化及生活的相關活動。店內有會說中文的員工常駐，請抱著輕鬆的態度前來參觀。

群馬醬家（ぐんまちゃん家）

位於東京銀座的歌舞伎座附近。商店內展有群馬縣的新鮮蔬菜、銘菓、酒、民俗工藝品等，也提供四季觀光活動資訊介紹，及自然、溫泉、料理等相關介紹手冊。2 樓則用來舉辦販售群馬縣各市町村特產品的物產展，或是各種平面資料展示活動。

ADD：東京都中央区銀座 5 丁目 13 番地 19

🌸 岩手銀河 PLAZA
（いわて銀河プラザ）

展售各種岩手縣的產品，像是岩手短角和牛，以及在豐饒自然環境中所生產、產量日本第一的雜穀製品，還有南部鐵器、岩谷堂五斗櫃等展現工匠技術的傳統工藝品等。活動專區也會定期舉辦縣內物產展及觀光活動，提供岩手特有的食材、特產品、祕藏觀光情報等資訊。

ADD：東京都中央区銀座 5-15-1 南海東京ビル 1F

ADD：東京都千代田区有楽町 2-10-1

🌸 東京交通會館

位於 JR 有樂町車站附近，集結了北海道、秋田、大阪、滋賀、富山、和歌山、德島、香川、兵庫、博多等特產直銷商店。在同棟建築物內匯集各地的美食及工藝品，就像是專門展售各地伴手禮的百貨公司，「來自村町館」（むらからまちから館）裡更販售只有當地居民才知道的隱藏版美食！

🌸 和歌山紀州館（わかやま紀州館）

在和歌山的特產直銷商店「和歌山紀州館」，除了販售紀州南高梅、地方酒之外，也有產地直送的當季農產品，共約 500 種話題性商品。館內也有介紹觀光導引專區，除了介紹世界遺產高野山、熊野三山之外，也有和歌山內其他觀光景點的情報以及免稅服務。

ADD：東京交通會館內

銀座 WASHITA SHOP
（銀座わしたショップ）

雖然身處東京，卻能在店內感受沖繩的氣氛。入口處放置了沖繩的風獅爺，流洩著沖繩音樂的店內，提供沖繩蕎麥麵、島豆腐、花生豆腐、海葡萄、紅芋點心、黑糖、鹽、辣油、泡盛酒、Orion 啤酒等沖繩伴手禮，更有販售人氣的 BLUE SEAL 冰淇淋等的美食專區。地下樓層是琉球傳統工藝館 fuzo。

ADD：東京都中央区銀座 1-3-9 マルイト銀座ビル 1F

ADD：東京都中央区銀座 1-3-3 銀座西ビル 1F

食之國 福井館（食の國 福井館）

「食之國 福井館」是專門販售福井縣食品的特產直銷商店，匯集海產、地方酒等約 1000 品項。在內用專區除了能享用最受歡迎的「越前蕎麥麵」，以及福井縣民的平民美食「醬汁豬排丼」等料理之外，也販售種類豐富的地方酒。在這裡，可以搭配喜歡的下酒小菜淺酌一杯。

Marugoto 高知（まるごと高知）

展售產銷直送的蔬菜，及使用高知水果、魚肉類、生薑、柚子等製品的特產直銷商店。地下 1 樓展售縣內全酒藏的日本酒及燒酒，以及和紙、珊瑚等傳統工藝品，是集結了高知魅力的特產直銷商店。

ADD：東京都中央区銀座 1-3-13

茨城 MARCHÉ（茨城マルシェ）

藉著販售茨城縣的產品及提供鄉土料理等方式，向大家宣傳茨城食品的安心美味以及出色的工藝品。此外，也提供商品說明與觀光介紹，希望藉由親切仔細的待客態度，提升大家對茨城縣的好感。

ADD：東京都中央区銀座 1-2-1 紺屋ビル 1F

ADD：東京都中央区銀座一丁目 5-10

美味山形 PLAZA
（おいしい山形プラザ）

匯集白米、牛肉、農產品、酒類、點心、漬物等眾多美味，能嚐到自然豐饒的食材寶庫「山形」才吃得到的好滋味。餐廳「YAMAGATA San-Dan-Delo」使用大量山形的優質食材，製作各式料理。此外也有觀光情報專區，介紹像是食物、溫泉等，可完整體驗山形之美的旅遊行程。

福島縣八重洲觀光交流館

從東京車站八重洲南口步行 3 分鐘，特產直銷商店就位於八重洲 Book Center 旁。店內販售各種代表福島縣的銘菓、銘酒、鄉土料理、水果等，也提供縣內各町村的簡介手冊等資訊。在造訪福島前，請先到這邊來收集情報喔。

ADD：東京都中央区八重洲 2-6-21 三徳八重洲ビル 1F

🌸 北海道 Foodist
（北海道フーディスト）

　東京都內樓地板面積最大的特產直銷商店，常備有1600種以上的商品，像是遠東多線魚、鮭魚卵等海產，以及和洋菓子、起士奶油、咖哩、湯等食品，不同季節時也提供當季生鮮產品。除了提供日常美味外，也有許多便利的商品以及免稅服務。在附設的餐廳內，可用合理的價格輕鬆享用北海道的美味。

ADD：東京都中央区八重洲2丁目2-1 ダイヤ八重洲口ビル1F

ADD：東京都中央区八重洲2丁目1番1号ヤンマー東京ビル1F

🌸 京都館

　位於JR東京車站八重洲中央口前，為介紹京都魅力的綜合情報館。除了西陣織、京燒、京扇子等工藝品之外，也有使用宇治抹茶製作的京菓子及京漬物、伏見清酒等等。明信片、資料夾等的紀念品，種類也很豐富。有時也會舉辦抹茶體驗等活動。

🌸 富士之國山梨館
（富士の国やまなし館）

　位於距離JR東京車站八重洲北口徒步4分鐘可到之處，販售約1500品項的山梨縣農特產品。山梨縣為日本第一的葡萄生產地，也是日本紅酒的發祥地，其紅酒漸漸受到世界矚目。這邊約有160種山梨縣產紅酒，並設有試喝專區。

ADD：東京都中央區日本橋2-3-4 日本橋プラザビル1F

OIDEMASE 山口館
（おいでませ山口館）

　將山口縣現今的資訊完整介紹的情報站。
販售像是全國知名的下關河豚、魚板、海膽、
水母等海產，美味且能沉靜心情的和菓子，
孕育於豐富大自然中的茶及日本酒等眾多農
特產品，也展售萩燒、大內人形、赤間硯等
傳統工藝品。

ADD：東京都中央区日本橋 2-3-4 日本橋プラザ
ビル 1F

ADD：東京都中央区日本橋室町 1-5-3 福島ビル 1F

日本橋島根館
（にほんばし島根館）

　「緣分之國島根」的特產直銷商店，販售
孕育於豐富自然中的山珍海味，總計超過
2100 種優質商品。觀光櫃檯提供豐富的島根
資訊。附設的餐飲處「主水」（もんど），
提供島根直送的新鮮魚貝類及地方酒，期待
各位的蒞臨。

奈良 MAHOROBA 館
（奈良まほろば館）

　匯集像是奈良特產柿葉壽司、三輪素麵、葛
菓子、地方酒，還有奈良筆、赤膚燒等傳統工
藝品，以及神社寺廟的相關商品。也提供以獨
特種植方式栽培，具有「美味、香氣、型態、
來歷」等特徵的大和傳統蔬菜。服務台處提
供縣內地圖及資料，也有觀光接待員常駐。

ADD：東京都中央区日本橋室町 1-6-2 日本橋室町
162 ビル 1F

跟著吉祥物來一場日本伴手禮之旅！

日本特色明信片，忍不住想全部收集！

　　依照日本各都道府縣的代表食物、知名景點的形象製成的明信片，全國各地郵局好評發售中！自 2009 年開始至今，種類共有約 330 種以上，以區域限定的方式販售，「能在當地郵局遇到哪種明信片呢？」也成為旅行中的一種樂趣。用明信片記錄日本旅行的回憶吧！

※ 若要寄送到日本國外時，須注意無法直接投遞進郵筒，請放進信封後再寄送。郵資請洽詢郵局窗口。
URL：www.postacollect.com/gotochi/

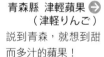

◄ 北海道 木雕熊
（木彫りの熊）
叼著鮭魚的木雕熊為北海道著名的民間工藝品。

◄ 茨城縣 哈密瓜
（メロン）
茨城縣的哈密瓜收穫量，是日本第一！

青森縣 津輕蘋果 ►
（津輕りんご）
說到青森，就想到甜而多汁的蘋果！

群馬縣 不倒翁 ►
（だるま）
許下願望，待心願達成時再將另一邊的眼睛畫上吧。

◄ 宮城縣 木介子
（こけし）
具有代表性的民間工藝品，宮城縣有各式各樣不同特徵的傳統木介子喔。

◄ 東京都 雷門
淺草的雷門聚集了來自世界各地觀光客，非常熱鬧。

← 富山縣
立山黑部阿爾卑斯路線
（立山黒部アルペンルート）
將最受亞洲觀光客喜愛的雪谷
景色製成明信片。

→ 大阪府 章魚燒
（たこやき）
大阪人的家鄉味庶
民美食——章魚
燒，看了讓人不禁
想嚐一口。

靜岡縣 · 山梨縣 →
富士山
日本第一高山——富
士山，無論是從靜岡
縣還是山梨縣觀賞，
都非常漂亮。

奈良縣 鹿 →
（シカ）
奈良公園的鹿，生長
於都市近郊與人類共
同生活，是非常珍貴
的存在。

← 靜岡縣 山葵
（わさび）
栽種於透涼清澈水域
的山葵，看起來好像
有點辣！

← 廣島縣 廣島燒
（お好み焼き）
廣島燒的作法是不混
合麵糊與材料，而是
將材料疊成一層一層
來煎。

香川縣 →
讚岐烏龍麵
（讚岐うどん）
一提到讚岐烏龍麵就
想到香川縣！名店多
到數不完呢！

福岡縣 豚骨拉麵 →
（讚とんこつラーメン）
豚骨拉麵的發祥地在福
岡縣久留米市，濃厚的
豚骨高湯非常美味！

← 京都府 舞伎
將華美絢麗的京都舞
伎形象製成明信片，
讓人心醉神迷。

← 佐賀縣 唐津秋祭
（唐津くんち）
位於佐賀縣的唐津神
社所舉辦的秋季例行
大型祭典。許多觀光
客都因此前來，非常
熱鬧。

PART 07

日本人氣百貨公司指南

你到日本是否會逛百貨公司呢？你知道人氣百貨公司對於海外觀光客也有折價的優待嗎？百家爭鳴、各有特色的日本百貨公司，不只好逛好買，還提供了許多便利服務喔！

※ 各家百貨公司的優待有各自的使用方式，像是有些商品不能使用，或是限定指定金額等等，請務必於使用前確認清楚喔。

各百貨公司資料「本書介紹品牌」中，品牌可能是店舖或僅為販售處，
後者以淺藍色字做為與店舖之區別。

🌸 大丸札幌店

北海道最大規模的百貨公司「大丸札幌店」，與 JR 札幌站直接連結，交通十分便利。店內集結世界一流品牌，以及日本知名化妝品品牌等，種類豐富，是北海道第一大的百貨公司。位於地下 1 樓的 Hoppe Town，提供螃蟹、帆立貝等新鮮海鮮，還有以新鮮乳製品製成的北海道特有點心等。除了有常見的伴手禮品牌，在「北國 Hoppe」也能看到北海道其他名產，可盡情挑選。不只在地下街販售北海道美食，8 樓的餐廳也能享用許多北海道美食。充滿活力及話題性的大丸札幌店，總是樂於將北海道的流行事物介紹給大家！

📍 北海道札幌市中央区北 5 条西 4 丁目 7 番地

📞 011-828-1111

🚗 「JR 札幌站」即達

@ www.daimaru.co.jp/sapporo

本書介紹品牌：
餅吉、鼓月、茅乃舍、KIT KAT Chocolatory、坂角總本舖、柿種廚房、GATEAU FESTA HARADA

📍 東京都千代田区丸の内 1-9-1

📞 03-3212-8011

🚗 從「JR 東京站」八重洲北口驗票閘門出站即達

@ www.daimaru.co.jp/tokyo

本書介紹品牌：
叶 匠壽庵、豆源、ANTÉNOR、WITTAMER、銀座 WEST、銀葡萄、KIT KAT Chocolatory、榮太樓總本舖、坂角總本舖、揚餅屋、BERNE、BEL AMER、銀座 曙、錦松梅

🌸 大丸東京店

緊鄰東京車站的大丸東京店，從地下 1 樓到 13 樓聚集流行服飾品牌、化妝品、雜貨、餐廳及人氣店舖東急手創館等。其中最受歡迎的就是 1 樓的甜點樓層，集結了 50 間以上的和、洋菓子店，以壓倒性的眾多品牌引以自豪。2 樓則有資生堂、SK Ⅱ 等化妝品專櫃。另外跨越 1 樓、2 樓有「路易・威登」等海外一流品牌進駐。7 樓則有販售行李箱及旅行用品的賣場。位於交通便利的東京車站前，在此能夠盡情享受購物的樂趣。

🌸 澀谷站 東急東橫店

與澀谷車站連接，交通便捷。有傳播流行趨勢的新設樓層「SHIBUYA SCRAMBLE Ⅰ・Ⅱ」，及販售「東橫八公」商品，小物、雜貨等種類多元的「SHIBUYA souvenir shop」，能退稅的化妝品種類也十分豐富。附近有「世界知名的交叉路口」，以及提供老字號店舖、名店好滋味的「東橫暖簾街」、食品主題公園「東急 Food show」，構成以飲食為主的一大區域。

📍 東京都渋谷区渋谷 2-24-1
📞 03-3477-3111
🚍 JR 地鐵銀座線或半蔵門線「澀谷站」即達
@ www.tokyu-dept.co.jp/toyoko

本書介紹品牌：
赤坂柿山、豆源、銀座 WEST、成城石井、CANDY SHOW TIME、榮太樓總本舖、坂角總本舖、揚餅屋、菊廼舍、美味御進物逸品會、BEL AMER、銀座 曙、錦松梅

🌸 西武池袋本店

與 JR、地下鐵池袋車站直接連結，交通便捷，十分熱鬧。店內有各種流行服飾及化妝品品牌，地下街有高人氣的 KitKat 專賣店等適合當成伴手禮的點心專賣店，Loft、無印良品、三省堂書店等大型專賣店亦有進駐，可盡情享受購物樂趣。另外，在店內 3 個地方設有視訊電話與客服中心連結，並且導入 5 國語言對應的口譯服務，提供購物時的各種支援。

📍 東京都豊島区南池袋 1-28-1
📞 3-3981-0111
🚍 從 JR「池袋站」東口出站即達
@ www.sogo-seibu.jp/ikebukuro

本書介紹品牌：
叶 匠壽庵、銀葡萄、黑船、日本橋千疋屋總本店、蒜山酪農、KIT KAT Chocolatory、桂新堂、加賀麩不室屋、坂角總本舖、揚餅屋、美味御進物逸品會、資生堂 PARLOUR、銀座 曙、足立音衛門

新宿高島屋

　為聚集了東急手創館、紀伊國屋書店、UNIQLO 等人氣店舖的複合商業設施，新宿高島屋就坐落在高島屋時代廣場的中心地區，來自世界各國的觀光客雲集。洋菓子賣場設置了話題性十足的「Patissieria」專區，14 位蛋糕師傅各會製作 9 種不同類型的蛋糕。請務必前來具有購物及娛樂功能的新宿南口象徵地——新宿高島屋。

📍 東京都渋谷区千駄ヶ谷 5 丁目 24 番 2 号
📞 03-5361-1111
🚗 JR「新宿站」新南口步行 1 分鐘
@ www.takashimaya.co.jp/shinjuku

本書介紹品牌：
叶 匠壽庵、赤坂柿山、WITTAMER、銀座 WEST、黑船、日本橋千疋屋總本店、YAMATSU TSUJITA、加賀麩不室屋、BERNE

📍 東京都中央区日本橋 2 丁目 4 番 1 号
📞 03-3211 4111
🚗 地鐵銀座線 東西線「日本橋站」B2 出口出站即達
@ www.takashimaya.co.jp/tokyo

本書介紹品牌：
叶 匠壽庵、赤坂柿山、豆源、WITTAMER、銀座 WEST、黑船、日本橋千疋屋總本店、蒜山酪農、淺草 MUGITORO、YAMATSU TSUJITA、桂新堂、一番館、加賀麩不室屋、榮太樓總本舖、柿種廚房、資生堂 PARLOUR

日本橋高島屋

　建築物建造於 1933 年，有著古典的外觀及室內裝修，是傳統街道日本橋的象徵物，亦是所有百貨公司中，第一個被指定為重要文化財的建築物。食品樓層內並列著許多能代表日本的傳統店舖，還有法國閃電泡芙專賣店「L'ECLAIR DE GENIE」、德國點心名店「Gmeiner」，以及在限定期間推出各式藝術品展覽的美術畫廊。另外，和服、進口餐具、家庭用品等也頗受好評。

横濱髙島屋

位於橫濱車站西口前方，代表神奈川縣的老字號百貨公司，於 1959 年開店，擁有跨越了三、四個世代的愛好者。除了知名流行服飾品牌，還有來自日本各地的銘菓、具話題性的洋菓子等，多樣化的餐廳也頗受好評。位於 7 樓的美術畫廊每週會舉辦不同展覽，最高樓層則會舉辦像是物產展等活動，逛上一整天也不會膩。

📍 神奈川県横浜市西区南幸 1 丁目 6 番 31 号

📞 045-311-5111

🚃 從「橫濱站」西口步行 1 分鐘

@ www.takashimaya.co.jp/yokohama

本書介紹品牌：
叶 匠壽庵、赤坂柿山、WITTAMER、銀座 WEST、黑船、鎌倉 LESANGES、CLUB HARIE、茅乃舍、YAMATSU TSUJITA、桂新堂、一番館、加賀麩不室屋、榮太樓總本舖、坂角總本舖、柿種廚房、BERNE、資生堂 PARLOUR、錦松梅

松坂屋名古屋店

創業於 1611 年，是具有傳統且以擁有廣大面積而自豪的百貨公司，廣受名古屋居民喜愛。設有友都八喜購物中心，並有流行服飾、美食、高級品牌等商品，是擁有品牌種類數量數一數二的百貨公司。本館地下 1 樓食品樓層販售常見的名古屋伴手禮及知名品牌甜點、最高品質的水果及各種美食。設有常駐中文口譯人員的退稅櫃檯，館內也提供免費 WiFi。

📍 愛知県名古屋市中区栄三丁目 16 番 1 号

📞 052-251-1111

🚃 地鐵名城線「矢場町站」走地下通路即達（5‧6 號出口）

@ www.matsuzakaya.co.jp/nagoya

本書介紹品牌：
叶 匠壽庵、赤福、ANTÉNOR、WITTAMER、黑船、茅乃舍、GATEAU FESTA HARADA、KIT KAT Chocolatory、桂新堂、坂角總本舖、揚餅屋、BEL AMER、足立音衛門

於退稅櫃檯處出示護照，可獲 95 折折價禮券。

日本人氣百貨公司指南

211

✿ JR 京都伊勢丹

緊鄰京都車站的「JR 京都伊勢丹」，除了有最新流行服飾，也有販售京都老字號店舖的手工製和菓子及茶飲，以及新鮮蔬果、傳統工藝品及雜貨等。在此除了能享用代表和食的壽喜燒、天婦羅、壽司，及具有京都風情的豆腐料理，還能享受正統的中華料理、窯烤披薩等世界美食。位於高樓層的開放式景觀餐廳還可眺望美景，在此可同時享受流行服飾、美食、觀光等樂趣。

📍 京都府京都市下京区烏丸通塩小路下ル東塩小路町
📞 075-352-1111
🚌 從 JR、近鐵、地下鐵「京都站」即達
@ kyoto.wjr-isetan.co.jp

本書介紹品牌：
文の助茶屋、赤坂柿山、鼓月、丸久小山園、ANTÉNOR、DANISH HEART、蒜山酪農、本田味噌本店、551 蓬萊、BEL AMER

📍 京都府京都市下京区四条通高倉西入立売西町 79 番地
📞 075-211-8111
🚌 從阪急京都線「烏丸站」步行 1 分鐘（走地下道即達）
@ www.daimaru.co.jp/kyoto

本書介紹品牌：
鼓月、ANTÉNOR、WITTAMER、本田味噌本店、茅乃舍、GATEAU FESTA HARADA、551 蓬萊、加賀麩不室屋、坂角總本舖、KIT KAT Chocolatory、足立音衛門

✿ 大丸京都店

大丸百貨公司創業的起源地，是在京都持續經營將近 300 個年頭的老字號百貨公司。店內販售食品、化妝品、流行服飾等。食品賣場有眾多適合做為伴手禮的京都名菓店舖，也有由一流老字號料亭製作的熟菜及便當，能從料理中感受京都風情。不同樓層亦設有咖啡廳、餐廳，可享受壽司、抹茶甜點等各式料理。

 於 7 樓退稅櫃檯處出示護照，可獲 95 折折價禮券。

🌸 近鐵百貨店奈良店

近鐵百貨店奈良店位於奈良市西大寺附近的大型購物中心「奈良 Family」中，在地下 1 層、地上 6 層的建築物中，聚集高級品牌、美食商品等，種類十分豐富。地下食品樓層約有 80 間店舖，販售各種菓子、當地名酒，還有知名的「奈良漬」及「素麵」等，集合許多適合當成伴手禮的商品。因為退稅手續便利，且對外國觀光客有特別優惠制度，有機會前往奈良時，請務必順道前往。

📍 奈良県奈良市西大寺東町 2-4-1
📞 0742-33-1111
🚗 從近鐵「大和西大寺站」步行約 1 分鐘
@ www.d-kintetsu.co.jp/store/nara

本書介紹品牌：
ANTÉNOR、蒜山酪農、551 蓬萊、RUYS DAEL

 於退稅櫃檯出示護照，可獲得 95 折折價禮券

🌸 阿倍野 HARUKAS 近鐵本店

阿倍野 HARUKA 近鐵本店，擁有跨 3 個樓層、聚集 44 間店舖的日本最大美食街「阿倍野 HARUKAS Dining」，及關西最大食品賣場「阿倍野 Food City」。點心賣場販售和洋菓子等商品，約有 60 家店舖，有眾多適合當成伴手禮的商品。店舖內設有中文商品說明，亦設有服務櫃檯，提供海外顧客優惠折價券及辦理退稅等手續。有會說中文的工作人員常駐，可輕鬆提問。

 於退稅櫃檯出示護照，可獲 95 折折價禮券

📍 大阪府大阪市阿倍野區阿倍野筋 1-1-43
📞 06-6624-1111
🚇 從地鐵御堂筋線‧谷町線或 JR「天王寺站」即達

@ abenoharukas.d-kintetsu.co.jp

本書介紹品牌：
叶 匠壽庵、赤福、ANTÉNOR、CLUB HARIE、GATEAU FESTA HARADA、551 蓬萊、善祥庵、坂角總本舖

✿ 大丸心齋橋店

創立於 1717 年的老字號百貨公司。心齋橋店於 1726 年開店，建設於 1933 年的本館，建築物為美籍建築師威廉・渥利斯設計的作品。店內有 agnès b、資生堂、BVLGARI 等知名流行服飾品牌。地下樓層食品賣場販售種類豐富的和式、西式點心，現烤鯛魚燒十分受歡迎。南館有 LAOX 退稅專區附有廣大等候空間，也提供各種外語的應對服務。

 於北館 1 樓服務台出示護照，可獲 95 折折價禮券。

📍 大阪府大阪市中央区心斎橋筋 1-7-1

📞 06-6271-1231

🚇 地下鐵御堂筋線「心齋橋站」（南北或南南驗票閘門）走地下道即達

@ www.daimaru.co.jp/shinsaibashi

本書介紹品牌：
鼓月、WITTAMER、黑船、蒜山酪農、桂新堂、加賀麩不室屋、YAMATSU TSUJITA、551 蓬萊

📍 大阪府大阪市北区角田町 8 番 7 号

📞 06-6361-1381

🚌 從阪神或阪急「梅田站」步行約 3 分鐘

@ www.hankyu-dept.co.jp

本書介紹品牌：
叶 匠壽庵、赤福、鼓月、WITTAMER、銀葡萄、黑船、CLUB HARIE、YAMATSU TSUJITA、銀嶺、GATEAU FESTA HARADA、551 蓬萊、Bâton d'or、GRAND Calbee、桂新堂、加賀麩不室屋、Sugar Butter Tree、美味御進物逸品會、BEL AMER、marshmallow elegance、足立音衛門

 於 1 樓服務中心、B1 海外旅客服務中心出示護照，可獲 95 折折價禮券。

✿ 阪急梅田本店

世界首間與車站共構的百貨公司，於 1929 年開業至今持續提供最新流行服飾，有愛馬仕、路易·威登、卡地亞等品牌，為日本最多高級品牌的百貨公司。就連兒童服飾賣場也有迪奧、古馳等品牌。化妝品賣場提供最新高科技的美容資訊，餐廳方面則有具歷史性浮雕的大型餐廳（擁有 300 個座位），以及 100 公尺、聚集眾多甜點品牌的甜點大道等。提供免費 Wifi、口譯等服務，可安心在此享受購物樂趣。

❀ 大阪高島屋

海外特選品牌位於 1、2 樓，6 樓有種類豐
富的和服、和式雜貨，1 樓有各式化妝品牌
進駐。地下樓層食品賣場有諸多食品、許多
適合當作伴手禮的銘菓與茶類商品，也有各
種高人氣的日本威士忌。

📍 大阪府大阪市中央区難波 5 丁目 1 番 5 号

📞 06-6631-1101

🚃 從地鐵御堂筋線 四ツ橋線 千日前線「難波站」即達

@ www.takashimaya.co.jp/Osaka

本書介紹品牌：
叶 匠壽庵、鼓月、WITTAMER、YAMATSU TSUJITA、551
蓬萊、Bâton d'or、桂新堂、加賀麩不室屋、柿種廚房

❀ 大丸神戶店

是能代表神戶的老字號百貨公司，也是元
町的地標。食品賣場有日本酒、日本茶、神
戶點心等適合當成伴手禮的各種商品。本館
8 樓可辦理退稅服務。

📍 兵庫県神戸市中央区明石町 40 番地

📞 078-331-8121

🚃 從地鐵海岸線「舊居留地 大丸前站」即達

@ www.daimaru.co.jp/kobe

於 1 樓服務
台處出示護
照，可獲 95
折折價禮
券。

本書介紹品牌：
鼓月、WITTAMER、黑船、蒜山酪農、茅乃舍、551 蓬萊、
桂新堂、加賀麩不室屋

❀ 博多阪急

於 2011 年 3 月開始營業。位於地下食品
樓層的「Umachika！」有像是薩摩蒸氣屋、
CLUB HARIE、HAPPY Turn's、Calbee+
ESSENCE 等甜點名店，也販售福岡及九州
當地的美味食品。

本書介紹品牌：
叶 匠壽庵、鼓月、蒜山酪農、YAMATSU TSUJITA、桂新堂、
柿種廚房、Sugar Butter Tree、GATEAU FESTA HARADA

📍 福岡県福岡市博多区博多駅中央街 1 番 1 号

📞 092-461-1381

🚃 從 JR「博多站」即達

@ www.hankyu-dept.co.jp/hakata

於 1 樓與 7
樓服務台處
出示護照，
可獲 95 折
折價禮券。

手指日語便利通！

日本人於平日購物時也會使用的簡單日語。購物時用手指一指，試著與店員溝通看看吧！

ほれいざい　　おお　　　くだ 保冷剤を多めに下さい。	請給我多一點保冷劑。
しょうみきげん 賞味期限はいつですか？	請問保存期限到什麼時候呢？
あたら　　しょうひん　にゅうか 新しい商品は入荷しますか？	請問有新商品嗎？
いろちが これと色違いはありますか？	請問有其他顏色的嗎？
いちばんにんき 一番人気はどれですか？	請問最受歡迎的商品是哪一個？
おな　　　　　しょうひん これと同じような商品はありますか？	請問有與這個類似的商品嗎？
べつべつ　つつ　　　くだ 別々に包んで下さい。	請幫我分開包裝。
ふくろ　にじゅう　　　くだ 袋を二重にして下さい。	請幫我裝兩層袋子。
おお　　　ふくろ もっと大きい袋はありますか？	請問有大一點的袋子嗎？
こわ　　　ふくろ　くだ 小分けの袋を下さい。	請給我分裝的小袋子。
ふくろ 袋はいりません。	不需要袋子。
おお もっと多めのはありますか？	請問有分量多一點的嗎？
すく もっと少なめのはありますか？	請問有分量少一點的嗎？

私はアレルギーがあります。○○○は入っていますか？

我對○○○過敏，請問這個有加○○○嗎？

私は○○○を食べられません。

我不能吃○○○。

○○○が入っていないのはどれですか？

請問沒有加○○○的是哪一個？

全部火を通して下さい。

麻煩全部都幫我烤／煮過。

あなたの店が大好きです。ショップカードはありますか？

我很喜歡你們的店舖，請問你們有店卡嗎？

美味しかったのでまた来ました。

因為很好吃，所以我又來了。

免税カウンターはどこですか？

請問退税的櫃檯在哪裡？

出口はどこですか？

請問出口在哪裡？

駅に一番近い出口はどこですか？

請問離車站最近的出口在哪裡？

トイレはどこですか？

請問洗手間在哪裡？

レジはどこですか？

請問要在哪裡結帳？

すみません、商品が違うようなのですが。

不好意思，您給我的商品好像不太對。

すみません、金額が違うようなのですが。

不好意思，金額好像錯了。

國家圖書館出版品預行編目資料

好味限定！日本美食特派員的口袋伴手禮：
甜點Ｘ吉祥物Ｘ特色土產，最萌日本飲食文化巡禮！
／山口美和著；曾哆米譯 .-- 初版 .-- 臺北市：日月文化，2015.09
224 面；17*20 公分 .--（情報旅遊）
ISBN 978-986-248-494-4(平裝)
1. 旅遊 2. 糕餅業 3. 日本
731.9   104014513

情報旅遊

好味限定！日本美食特派員的口袋伴手禮
甜點Ｘ吉祥物Ｘ特色土產，最萌日本飲食文化巡禮！

作　　者：山口美和
譯　　者：曾哆米
主　　編：俞聖柔
責任編輯：俞聖柔、張召儀
封面設計：江孟達工作室
美術設計：theBAND・變設計 ― Ada
地圖繪製：張偉蓉 Rosy Chang

發 行 人：洪祺祥
總 編 輯：林慧美
副總編輯：謝美玲
法律顧問：建大法律事務所
財務顧問：高威會計師事務所

出　　版：日月文化出版股份有限公司
製　　作：山岳文化
地　　址：台北市信義路三段 151 號 8 樓
電　　話：(02)2708-5509　傳真：(02)2708-6157
客服信箱：service@heliopolis.com.tw
網　　址：http://www.heliopolis.com.tw
郵撥帳號：19716071 日月文化出版股份有限公司

總 經 銷：聯合發行股份有限公司
電　　話：(02)2917-8022　傳真：(02)2915-7212
印　　刷：禾耕彩色印刷事業有限公司
初　　版：2015 年 9 月
定　　價：320 元
I S B N：978-986-248-494-4

Special Thanks!

日本の企業の方々、協会の方々、県庁、市役所、町役場、ご当地キャラご担当者の方々、大変大変お世話になりました！

謝謝蘋果電腦的救世主 Mada 先生、練小姐、張小姐以及日本的大家！譯者曾哆米、封面設計江孟達工作室、插畫家 Rosy、美編 Ada 與山岳文化都辛苦了，真的非常感謝！

特別說明：

- 本書介紹商品基本上是對應日本氣候製造的，帶出日本後的品質變化，店舖恕不負責。
- 在「販售處」介紹的店舖，販賣商品的內容（包含數量、包裝、口味）與價格時有不同。
- 本書介紹商品內容、價格與店舖資訊，是以 2015 年 8 月為準（價格皆已含稅）。
- 若購買商品後發生意外，作者與出版方恕不負責。
- 因版面有限，無法介紹各品牌所有分店，若想知道其他分店資訊，請洽各品牌官網。

日文網站指南：

店舗のご案内／ショップ情報 → 店舖及分店資訊

アクセス → 交通資訊、地圖

物産展情報／催事情報 → 日本全國百貨公司的展銷資訊

お取り扱い情報 → （除了店舖以外的百貨公司、超市等）販售處資訊

台灣人情味伴手禮
台湾人情味お土産

櫻桃爺爺

台湾の真心たっぷりのお土産
お土産に大人気の台湾スイーツ

櫻桃爺爺早期是一間坐落於景美萬隆的小小烘焙屋，因研發出以健康價值較高的杏仁，取代傳統高熱量的花生來製做牛軋糖，推出之後市場反應熱烈，後期開始專注於牛軋糖、南棗核桃糕等中式零食伴手禮的生產，更開啟了台灣特色農產伴手禮之路，並廣受國內外消費者好評。

開業当初の櫻桃爺爺は景美萬隆にある小さなパン屋でした。カロリーが高いピーナッツの代わりに健康的なアーモンドを使いヌガーを作った所、大人気に！ヌガー、南棗胡桃など、台湾のお土産にぴったりのスイーツをメインに生産を始めました。国内はもちろん海外のお客様からもご愛顧いただいております。

牛軋糖 (ヌガー)

堅持細火慢熬，與高難度的蛋白糖製作法分次加入新鮮奶油等十二道慢工流程，成品味細膩的牛軋糖。

高度な技術のメレンゲ製造方法を持ち入り製造時間、温度にもこだわりました。新鮮バター使用し、12の工程でなめらかなヌ一に仕上げました。

南棗核桃糕 (南棗胡桃)

使用天然新鮮的黑棗細火慢煮，再加入健的美國加州核桃，甜度適中香味自然，中養生糕點首選。

天然の黒棗とヘルシーなカリフォルニアのクルを使用、適度な甘さで自然の香りのヘルシー湾式スイーツです。

愛文芒果干 (ドライ愛文マンゴー)

「一顆芒果切成兩半，一半各作一片，想作一點也不行。」直接與台灣小農採買，地現採現作無添加直送的天然果乾。

マンゴー1個を半分にして長時間の低温で作ました。産地から直接仕入れた無添加の天然ライマンゴーです。

• 萬隆門市/(02)2930-6132 • 新光三越信義A11門市/(02)2722-7087 • 新光三越站前門市/(02)2331-6972
• 微風台北車站門市(G07-2)/(02)2361-8213 • 竹山門市/(049)262-4907
http://www.cherrygrandpa.com.tw

JIU ZHEN NAN
SINCE 1890

Taste of Taiwan,

品嚐台灣的人情味

鳳梨酥 / *Pineapple Cake* / パイナップルケーキ

舊振南餅店創立於西元1890年，百年來以堅持遵循祖訓、手工製作糕餅名聞遐邇。深耕台灣兩甲子的歲月，致力提升飲食文化，構築生活美學，以喜悅、信任的心將餅藝永續傳承。

全年熱銷鳳梨酥禮盒，是出國必備伴手禮！選用高品質雞蛋及新鮮奶油拌入，加上獨家芝士粉調和，再以傳承百年的技術烘烤，奶香濃醇、口感溫潤，入口後意猶未盡。

f ⓘ JZN Taiwan Pastry 🔍 / www.jzn.com.tw / service line：+886-7-2856868

回転寿司 TOTOGIN

（回転寿司ととぎん）

持本券享有 **97** 折折價優惠
（3%割引サービス）

鮮度超群，由專家師傅手工握製的迴轉壽司，
讓人忘不了的美妙滋味！
URL：totogin.com

美味回転寿司 函太郎

（グルメ回転ずし 函太郎）

免費招待一碗湯品
（～230日圓，根據消費人數，一人最多一碗）
汁物（230円まで）一杯サービス（会計人数分、お一人一杯まで）

一聽到北海道的人氣迴轉壽司就會想到這家！
能品嚐函館壽司新鮮的美味，而且價格超划算！
在大阪也有分店。有機會到這裡的話，請務必試試看！
URL：www.kantaro-hakodate.com

適用店舖

郡山本店
ADD：奈良縣大和郡山市橫田町 75-1
OPEN：11:30 ～ 22:00　年中無休
ACCESS：從近鐵橿原 筒井站或 JR 郡山站轉搭計程車約 10 分鐘

近鐵奈良站前店
ADD：奈良縣奈良市東向中町 5- 1
OPEN：11:00 ～ 22:00　年中無休
ACCESS：從近鐵奈良線 近鐵奈良站 2、3 號出口步行 1 分鐘

適用店舖

宇賀浦本店
ADD：北海道函館市宇賀浦町 14-4
OPEN：11:00 ～ 22:00
ACCESS：從 JR 函館站轉搭計程車約 5 分鐘

小樽店
ADD：北海道小樽市港町 5-4
OPEN：11:00 ～ 22:00（冬季營業時間請上官網確認）
ACCESS：從 JR 小樽站步行約 12 分鐘

GRAND FRONT 大阪店
ADD：大阪府大阪市北 大深町 4-20 グランフロント大阪南館 7F
OPEN：11:00 ～ 23:00
ACCESS：從 JR 大阪站步行 1 分鐘，或從阪急線梅田站步行 3 分鐘